历史风云人物

三国两晋卷

彩

图

版

阎崇年/主编
宿瑞/编著

U0896891

知識出版社
Knowledge Publishing House

图书在版编目（CIP）数据

历史风云人物．三国两晋卷/宿瑞编著．—北京：知识出版社，2018.1

ISBN 978-7-5015-7751-4

Ⅰ.①历…　Ⅱ.①宿…　Ⅲ.①历史人物—生平事迹—中国—三国时代—青年读物②历史人物—生平事迹—中国—三国时代—少年读物③历史人物—生平事迹—中国—晋代—青年读物④历史人物—生平事迹—中国—晋代—少年读物　Ⅳ.①K820.2-49

中国版本图书馆CIP数据核字（2013）第255359号

丛书编辑：王　宇　鞠慧卿

本书责任编辑：王　宇

责任印制：魏　婷

知识出版社 出版发行

（北京阜成门北大街17号　邮政编码：100037　电话：010-68315606）

网址 http://www.ecph.com.cn

新华书店经销

三河市双升印务有限公司

开本：710毫米×1000毫米 1/16　印张：12.5　字数：140千字

2018年1月第1版　2023年8月第3次印刷

ISBN 978-7-5015-7751-4

定价：38.00元

引言

三国两晋南北朝在中国历史上基本处于分裂状态。从 220 年曹丕强迫东汉献帝禅位，建立曹魏开始，到 589 年隋灭南朝陈而重新统一，共 369 年。这段历史可合称为三国、两晋、南北朝时期。在东汉末年的混乱中诞生了曹魏、蜀汉、孙吴三国。后曹魏又逐渐被司马氏取代,并于 265 年建立西晋。263 年蜀汉亡于魏国，280 年孙吴亡于西晋，三国最后由晋统一。西晋皇朝短暂的统一，在八王之乱及"五胡乱华"后分裂瓦解，政局再度混乱。304 年成汉建立与刘渊立国，北方进入十六国时期。316 年西晋亡于匈奴的刘曜，司马氏建立东晋，南北又现分立。420 年刘裕篡夺东晋政权，建立南朝宋，中国由此进入南北朝时期。南朝历经宋、齐、梁、陈。南朝初期经济发展，军事强盛，但后来由于战略失误，皇室与宗室内斗淫乱，总体国力由盛变衰。南梁时国力复盛，但在侯景之乱后分裂成西梁与陈，陈只能依长江抵御北朝。北朝历经北魏、东魏、西魏、北齐、北周。北魏曾统一北方且屡次击败南朝，意图南进，但被北方柔然牵制。直到柔然被突厥攻破后才有余力对付南朝。北魏的汉化运动使经济持续发展，同时也造成六镇鲜卑贵族与洛阳鲜卑贵族

的文化冲突，后期政治混乱而发生六镇民变。不久，北魏分裂成高欢拥护的东魏与宇文泰拥护的西魏，后又分别为北齐与北周所取代。北周主张胡汉融合，于 577 年攻灭北齐，后政权被杨坚掌握。581 年杨坚篡北周，建隋朝，并于 589 年灭南朝陈，统一中国，魏晋南北朝时期至此结束。

目　录

第一编
皇室帝王篇

第二编
将相佐臣篇

第三编
文化名人篇

第四编
科学巨匠篇

第一编

皇室帝王篇

三国两晋南北朝时期，帝王将相频频交替。这一时期，不仅有自立建朝的东汉王公诸侯，也有不断涌现的北方少数民族政权。出现了一些赫赫有名的君主帝王，比如奠定曹魏江山基业的曹操、建立蜀汉政权的刘备、开创东吴天下的孙权、打下晋朝石阶的司马懿、创建鲜卑族北魏帝国的拓跋珪、推进各民族融合的拓跋宏、为北周创基立业的宇文泰等。

从历史上看，朝代的更迭往往与政权的建立者密不可分。在这战乱与短暂和平交替的历史画卷上，每一位帝王都书写了浓墨重彩的一笔。从生前到逝后，关于他们的评说不乏论述。本编将对一些重要的帝王事迹给予描述，并以史评为蓝本，对他们的是非功过给以客观评断。

治世能臣　乱世枭雄

曹操

■名片春秋 I

曹操（155 ～ 220），字孟德，小字阿瞒，沛国谯县（今安徽亳州）人。208 年任东汉丞相，后晋封为魏国公、魏王。220 年三月，病卒于军中。同年其子曹丕称帝，追谥其为“武帝”。

■风云往事 I

◇出身不凡　年轻有为◇

曹操出身于官宦世家，养祖父是宦官曹腾，在朝廷中历事四朝皇帝，因此有一定名望，汉桓帝时被封为费亭侯。曹操的父亲曹嵩是曹腾的养子，汉灵帝时官至太尉。《三国志》中记载曹操的远祖是汉代初期的相国曹参。

曹操年轻时机警过人，很有心机，善谋略，以侠义自任，但因行为放荡不羁，不为世人看重。当时只有桥玄、何颙、李瓒和王俊认为曹操很特别，或许能够在这乱世成就一番事业。当曹操还默默无闻时，桥玄建议曹操去结交当时的名士许劭，以提

太尉

官职名，最早见于《吕氏春秋》。秦汉时中央掌军事的最高官员，与“丞相”“御史大夫”并为“三公”。后逐渐成为虚衔或加官。

高名望。于是曹操就去拜访许劭。许劭鄙视曹操的为人，不肯给他看相。后在曹操的威胁下，许劭给曹操做出了“清平之奸贼，乱世之英雄”的评价。曹操早年就表现出对武艺的爱好。他身手矫健，曾经偷偷潜入别人家里，被发觉后越墙逃出，却没有被抓住。他还博览群书，重视兵法，曾抄录古代诸家兵法韬略，尤其喜爱《孙子兵法》。这些为他后来的军事生涯奠定了良好的基础。

▲ 河南许昌曹操石像

曹操 20 岁时，被任命为洛阳北部校尉。上任几个月后，宦官蹇硕的叔叔违禁夜行，被曹操依法处决。因为这件事，曹操得罪了宦官集团。这些人因找不到曹操的毛病而无法报复曹操，只好举荐他去担任地方官，不让他留在京城。三年后，曹操被任命为顿丘令，不久因堂妹夫出事而受到牵连，被免去官职。曹操被免官后，无事可做，只好回到家乡闲居。

◇陈留起兵　逐鹿中原◇

184 年，黄巾起义爆发。朝廷任命曹操为骑都尉，前去镇压。这一次，曹操取得胜利。由于镇压黄巾军有功，曹操被提升为济南相。任职后，他在当地罢免了许多贪官污吏，并严令禁止当时风行的宗教迷信活动。据说因为曹操当政严明，济南一带作乱的人只要听说曹操要来当职，都纷纷潜逃到别的郡县。

189 年，汉灵帝驾崩，太子刘辩登基，太后临朝听政。大将军何进想趁此机会剿灭宦官势力，但太后却并不支持。于是，何进便召并州刺史董卓进

▲ 董卓题跋像

京勤王。可是没等董卓到京城，何进就被宦官们杀害了。同年十二月，董卓入京，执掌朝政，毒死皇帝和太后，改立皇弟陈留王为汉献帝。这时的京城一片混乱。为了稳定局面，董卓想拉拢曹操，封他为骁骑校尉。但曹操没有接受董卓给他的官职，而是更名改姓，潜逃出了洛阳。

回到家乡之后，曹操四处宣传，广征兵士，率义军讨伐董卓。次年，渤海太守袁绍也联合地方势力组成联军，征讨董卓。董卓军败退据关西后，袁绍等人考虑到董卓依旧实力雄厚，不敢向关西推进。曹操认为董卓焚烧皇宫，劫持皇帝迁都长安，大失人心，正是“此天亡之时也”。于是独自引兵西进，结果被击败。曹操中箭受伤，死里逃生。此时曹操自己所带领的士兵不过 5 000 人，联军却有 10 余万人。但是联军却贪图享乐，不思进取。曹操为联军出谋划策，也未被采用。191 年，曹操讨伐入侵东郡的黑山军，袁绍上表朝廷推举曹操为东郡太守。192 年，董卓被司徒王允和吕布杀死。这一年，青州的百万黄巾大军入侵兖州（今山东东南）。兖州刺史刘岱不听鲍信的劝阻，与黄巾军交战，结果被杀死。鲍信等便暗中派人到东郡迎接曹操，推举他担任兖州牧一职。后来曹操联合鲍信与黄巾军苦战，鲍信战死，终于大破黄巾军。曹操一路追击，最后迫降黄巾军，收编降兵 30 余万，加上男女老少一共百余万人口。他又从中选出精锐部队，号称“青州兵”。到了这时，曹操才有了自己的势力，并站稳脚跟。

朝廷后来正式承认了曹操兖州牧的地位。

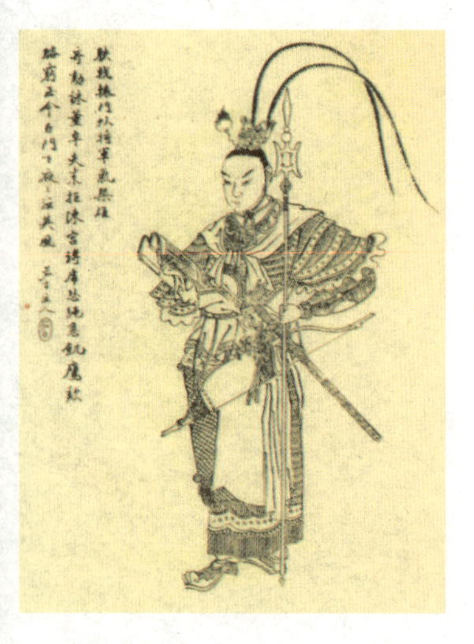

▲ 吕布题跋像

◇拥戴天子　兴兵征战◇

195 年，汉献帝迁出长安，进驻安邑（今山东夏县）。次年，谋士荀彧给曹操出主意，让他派曹洪

率兵西进，迎接皇帝回洛阳。不过，此时皇帝及掌权的大臣对曹操仍有疑虑。曹操势力强盛，数月之间又击破了汝南、颍川的黄巾军，朝廷便封曹操为建德将军。不久，曹操升任镇东将军，后被封为费亭侯。费亭侯曾是曹操祖父曹腾的爵号。同年秋，汉献帝入驻洛阳。随后曹操也以保卫京城的名义进军洛阳，皇帝赐曹操节钺。至此，曹操"挟天子以令诸侯"的局面形成了。

198 年，曹操采用荀攸、郭嘉的计策，将泗、沂二河的水灌入下邳（今江苏邳州）,最后生擒吕布、陈宫，势力进一步扩大到了徐州。199 年，曹操派史涣、曹仁、于禁和徐晃收复河内郡（今河南封丘），把势力范围扩张到黄河以北。到这时，曹操已经实际控制了黄河以南的兖州、豫州和徐州，并向南延伸到荆州北部，向北则进入黄河河内地区。

200 年正月，曹操在诛灭了董承等人之后，为了解除后顾之忧，以迅雷不及掩耳之势击破刘备军，收复徐州。二月，袁绍领兵 11 万南下。曹操和袁绍在官渡决战。四月，曹操在白马之战、延津之战中连续斩杀袁绍两员大将，并靠着曹仁、于禁、乐进等人的奋战而顶住了袁绍的猛烈攻势。八月，袁绍逼近官渡，依沙堆为屯，东西连营数十里，与曹军对峙。十月，战事陷入僵局之时，袁绍谋士许攸投奔曹操，向曹操献策，曹操采纳许攸的意见，焚烧了袁军粮草及车辆，扭转了战局。随后，袁绍大败，仅剩 800 多人逃回北方。曹操前后杀死袁军将士 7 万多人。

◇统一北方　鼎立势成◇

202 年，袁绍病逝，其子袁谭、袁尚争位，河北一分为二，曹操抓住时机再次出兵。最后，曹操

官渡之战

东汉末年三大战役之一，也是中国历史上著名的以弱胜强的战役之一。东汉献帝建安五年（200），曹操军与袁绍军相持于官渡（今河南中牟东北），在此展开战略决战。曹操奇袭袁军在乌巢的粮仓（在今河南封丘西），继而击溃袁军主力。此战奠定了曹操统一中国北方的基础。

延津之战

东汉末年发生在黄河沿岸的一场战事。也是引发 200 年敌对军阀袁绍和曹操在官渡之战中决战的一系列战役之一。此战中，曹军以运输车队为饵诱敌冒进，一举大败袁军，袁军大将文丑阵亡。

▲ 袁绍（?~202），东汉末军阀

在207年彻底击溃袁尚、乌桓联军，消灭了袁氏集团，统一了中国北方。

208年六月，曹操被任命为丞相。七月，曹操亲统大军10余万南征荆州，企图先灭刘表，再顺长江东进，击败孙权，一统天下。八月，刘表病亡，他的儿子刘琮向曹操请降。九月，刘备在长坂坡被曹军重创，不得不与孙权联合。十二月，曹操在赤壁之战中输给孙权和刘备联军，损失惨重，失去一举统一天下的机会。这也就是著名的赤壁之战。中国历史上魏、蜀、吴三国鼎立的局面开始形成。

217年起，刘备率军大举进攻汉中，汉中之战爆发。孙权也率10万大军进攻合肥。面对双方夹击，曹操亲自到长安坐镇，令合肥守将张辽、乐进、李典阻挡孙权的东吴军队进攻。汉中地区的曹军与刘备军对峙一年，曹军多次击退刘备军的猛烈攻势。219年正月，刘备领军和黄忠分进合击，于定军山斩杀征西将军夏侯渊。至此，汉中被刘备攻占。同年三月，曹操想要出兵，一度抽调镇守北方的曹彰20万大军增援，但都被刘备军队打败，曹军无功而返。刘备趁势派刘封、黄忠、赵云等将不停攻击曹军。至五月，曹操撤退至长安。

乌桓

古代北方民族之一。又名乌丸。乌桓原与鲜卑同为东胡部落之一。秦朝末年，匈奴破东胡后，迁至乌桓山，遂以山名为祖号。

■历史评价 |

曹操知人善任，唯才是用，军事上战略战术灵活多变，用兵如神。此外，他对东汉末年中国北方

的统一、经济生产和社会秩序的恢复有着重大贡献。在内政方面，曹操创立屯田制，且耕且战，命令暂不出征的士兵下田耕作，减轻了战时的粮食紧张问题，促进了农业发展。

曹操是中国军事史上著名的军事家。初时，曹操时常打败仗，还是一个乱撞的鲁莽者，绝不像正史上所讲的，天生就有军事才能。但是，曹操能总结战争失败的教训，并能虚心倾听和采纳臣下的正确建议，因而在对全局起决定作用的战役，如官渡之战、柳城之战、渭南之战中，取得胜利。曹操也在历次战役中锻炼了自己的指挥才能，由起初指挥三五千人的将佐，到后来发展成能够指挥四五十万大军的主帅。但是，曹操在其军事生涯中，曾下令部下多次屠城，遭受屠杀的战俘与平民达数十万人之多。

“鸡肋”的典故

鸡肋一词出自《三国演义》：曹操进兵不胜、进退两难之际，一日食鸡肋，夏侯惇入帐，禀请夜间口号。曹操随口说：“鸡肋！鸡肋！”谋士杨修见之，认为鸡肋食之无肉、弃之可惜，便传言主公曹操要退兵了，结果被曹操所杀。

大事坐标

155 年　出生。

184 年　参与镇压黄巾起义，升任济南相。

191 年　讨伐入侵东郡的黑山军，袁绍上表朝廷推举他为东郡太守。

199 年　率兵取得河内郡，把势力范围扩张到黄河以北。

200 年　和袁绍在官渡决战。

207 年　彻底击溃袁尚、乌桓联军，消灭了袁氏集团，统一中国北部。

208 年　于赤壁之战中败于孙权和刘备联军，损失惨重，失去一举统一天下的机会。魏、蜀、吴三国鼎立的局面开始形成。

213 年　汉献帝册封曹操为魏公，其领地广及魏郡、河东郡、河内郡等 10 个郡国。

216 年　被汉献帝封为“魏王”。名义上虽仍为汉臣，实际上具有等同于皇帝的权力和威势。

220 年　病逝于洛阳。同年，曹操次子曹丕以魏代汉，追尊曹操为太祖武皇帝。

■关系图谱 |

威恩勇义　宏而大略

刘备

■名片春秋 |

刘备（161 ~ 223），字玄德，涿郡涿县（今河北涿州）人。三国时期著名军事家、政治家，蜀汉王朝的建立者。出身于没落的汉朝皇室世家，是西汉景帝之子中山靖王刘胜的后代。在东汉末年的军阀集团斗争中，曾先后寄于大军阀曹操、袁绍、刘表之篱下。后刘备声望益高，归之者日多。刘备知人善任，有名将关羽、张飞为左右手；自得诸葛亮，对其信任有加，言听计从。因此，他能在地狭民少的蜀地发展壮大自己的实力，创建蜀国，与魏、吴抗衡，形成三足鼎立局面。223 年卒于永安宫，谥昭烈帝。

■风云往事 |

◇为人谦恭　崭露头角◇

刘备很小的时候，父亲就去世了，只得靠与母亲卖草鞋、草席维持生计，生活困顿。15 岁时，刘备的母亲便叫他外出求学，他与同宗的刘德然一起来到大儒卢植的门下求学，与公孙瓒同门并与其结为好友。刘德然的父亲刘元起常常资助他。刘元起的妻子对此颇不理解地说：“你也不是多么富裕，怎

▲ 刘备画像

么可以不停地资助他呢！”刘元起笑笑说：“我们宗族中有这样的一个孩子，不是普通人啊。”刘备平日里沉默寡言，常恭敬待人，但性格内敛，喜怒不形于色。他喜欢和社会上的豪杰游侠交往，许多年轻的伙伴都趋附在他身边。刘备后来与关羽、张飞桃园结义，成为中国历史上的一段佳话。

桃园结义

小说《三国演义》里记载的一个故事。述说当年刘备、关羽和张飞三位仁人志士，意气相投，言行相依，为了共同干一番大事业，选在一个桃花盛开的季节、一个桃花绚烂的园林，举酒结义，对天盟誓，要有苦同受，有难同当，有福同享，共同实现自己人生的美好理想。

刘备 24 岁时，黄巾起义爆发。各州郡县都有民众组织义军讨伐黄巾军。刘备在中山县富商张世平、苏双等人的资助下，也组织了义军，跟随邹靖镇压黄巾军。后因立下战功，被任为安喜尉。但是，当时朝廷有规定：凡是因为“讨伐”黄巾军而被任命官职的，要优胜劣汰。刘备随即弃官。后来，刘备加入大将军何进的部队。因与黄巾军力战而获得赏识，被任命为下密县丞。

31 岁时，刘备被任命为高唐县令。后投奔公孙瓒，公孙瓒随即上表朝廷，保奏刘备为别部司马，任为平原令、平原相。刘备后来卷入了公孙瓒与袁绍之间的斗争，被袁绍与曹操军打败后，刘备转与田楷一同防卫。刘备对外抵御黄巾军，对内乐善好施。他主动将屯粮分发给百姓，士以下的人也可以和他一桌吃饭，没有太多的约束。据说有一个叫刘平的人唆使刺客前去暗杀他。刘备发现后，还对刺客礼遇有加，刺客深受感动，便坦露实情后离开了。

▲ 成都武侯祠内刘备石像

◇入主徐州　转战吕布◇

195 年，吕布被曹操打败后，便来投靠刘备。吕布见刘备后说：“我与你是站在同一边的人。我杀掉董卓后，关东诸侯没一个人站在我这边，反而想杀死我。”刘备于是设宴款待吕布，并称后者为兄弟。

196 年，袁术进攻徐州。刘备出兵迎击，与袁术大战。双方各有胜负。刘备在盱眙、淮阴挡住了袁军的进攻。曹操为拉拢刘备并对抗袁术，向汉献

帝上表言刘备之功。朝廷拜刘备为镇东将军、宜城亭侯。吕布却乘机偷袭下邳，掳获了刘备的妻子，入主徐州。刘备只好转战海西，并与黄巾军决战，大获全胜。

后来刘备与吕布达成和解，吕布归还他的妻子，允许刘备在小沛屯兵。刘备返回小沛后，立即将失散的兵马万余人进行整编入伍，这一行为令吕布不满，吕布于是又出兵攻打小沛。刘备兵败后投靠曹操。刘备来投奔前，曹操的参谋程昱就曾经提出“刘备并非长久寄居他人之下的人”的警告，劝曹操趁早除掉刘备以免后患，但曹操认为刘备是英杰，不仅没有除掉刘备，反而对他以礼待之，出则同车，坐则同席。

镇东将军

古代重要军事官职名称，为四镇将军之一。掌征伐背叛、镇戍四方。东汉末年始置，张济、曹操曾任镇东将军。

▲ 刘备与曹操“煮酒论英雄”

198 年，曹操亲自东征吕布，并与刘备合兵成功消灭了吕布。

◇颠沛流离　三顾茅庐◇

199 年，因曹操滥用职权，汉献帝要诛杀曹操。刘备一开始并未参与此事。一天，曹操宴请刘备，对刘备说："这天下也就你我二人能称得上当今的英雄，袁绍根本称不上！"刘备心中一震，筷子从手中掉落。通过这句话，刘备认清了曹操的野心。不久，在南方失利的袁术想投靠袁绍，刘备便向曹操提出借兵出击袁术，以尽快脱离曹操。曹操便派他领军攻击袁术，但刘备军未到，袁术已病死。

接下来，刘备杀死徐州刺史，占据下邳。而后留关羽镇守下邳，自己则派遣将领与袁绍联合，打出对抗曹操的大旗。刘备聚起数万人，并串联多个地方势力一起反抗曹操。200 年曹操决定亲自东征

三顾茅庐

《三国演义》中，刘备三次前往诸葛亮隐居的隆中（今湖北襄阳附近）草屋，请他出山辅佐自己，称"三顾茅庐"。诸葛亮在著名的《出师表》中，也有"先帝不以臣卑鄙，猥自枉屈，三顾臣于草庐之中"之句。后世成语源泉出于此故事，比喻诚心诚意邀请人。

▲ 刘备三顾茅庐

▲ 颐和园长廊彩绘中描述的刘备携民渡江的情节

刘备。虽然曹军中将领多认为袁绍才是大敌，但曹操却觉得刘备是英杰，必须先行讨伐。刘备被打败后逃至青州，青州刺史袁绍之子袁谭亲自出城迎接他，并报知父亲，袁绍听说后出邺城200里迎接。刘备在袁绍处待了一个多月后，以前的部下又重新聚合。

207年，刘备三顾茅庐请诸葛亮出山辅佐自己，并得到“隆中对”的战略方针。第二年，刘表病死，曹操此时亲率大军南下。刘表之子刘琮投降曹操，刘备出逃。

刘备经过襄阳时，得到了当地百姓的拥护。当曹军追击时，有人劝说刘备抛弃他们，以便快速前进，但刘备于心不忍，结果陆陆续续跟随而来的百姓竟有10余万人，另外还有辎重数千辆。行军进程大大缩短，最后被曹军追上。在长坂坡之战中，刘备被打败。当时孙权派鲁肃来打探消息，刘备便派诸葛亮出使东吴。刘备联合孙权，大败曹操于赤壁。

◇丢失荆州　遗恨夷陵◇

219年，刘备在汉中之战中将曹操名将夏侯渊斩杀，迫使曹操退军。刘备占据了汉中，进位汉中王，蜀汉政权达到了鼎盛时期。然而，蜀军占领汉中不久，关羽孤军北伐。虽然水淹七军、擒于禁、斩庞德、围曹仁于襄阳，但是荆州后方空虚，东吴吕蒙以白衣计乘机夺取荆州，最后关羽被吴军擒获后杀害。大意“失荆州”使得刘备元气大伤，蜀汉政权也不复从前，开始走下坡路。

▲ 四川成都南郊惠陵

在曹丕篡汉建魏后，221 年，刘备于成都称帝，以汉室宗亲的身份重新建立汉朝，继续东汉大统，年号“章武”。同年，刘备以为关羽报仇的名义，发兵讨伐东吴，意图夺回荆州。222 年夏，被吴将陆逊在夷陵之战中打败，后退到白帝城。刘备虽败，但是余威仍在。孙权也无意再战，便遣使讲和。刘备也出于对全局的考虑，同意再次联盟。

223 年，刘备病重，托孤于诸葛亮，不久，在永安宫去世，谥昭烈帝，入葬惠陵。

■历史评价 |

刘备性格内向，城府极深，喜怒不形于色。刘备年轻时不爱读书，喜欢弄狗骑马、结交豪爽之士。因此，青年时代就有不少年轻人争相依附他。刘备为人宽仁忠厚，礼贤下士，慧眼识才。在爱才、用才上，尽管刘备、曹操、孙权三人都能做到，但刘备比其他二人更胜一筹。刘备性格中还有坚韧不拔的特点。刘备创业之初，东奔西走，艰辛异常。依靠袁绍时，受公孙瓒节制。依附曹操时，曹操众谋臣想诛杀他，曹操两次都没有同意，并以礼相待。后刘备又趁机逃脱，联吴拒曹。他也曾依附于刘表，忍辱存身，以图称霸。可见他有坚韧不拔、锲而不舍的精神。金无足赤，人无完人。刘备爱感情用事，这是他性格中的弱点，导致了他的失败。关羽被孙权所杀，刘备执意发兵讨伐，结果大败，蜀军元气大伤，诸葛亮隆中对策时制定的宏伟战略蓝图也就此成为泡影，给日后蜀汉的覆灭埋下了伏笔。

大事坐标

161 年　出生。
193 年　征战徐州，后被表为豫州刺史。
196 年　以镇东将军的身份再战徐州，与吕布议和。
200 年　与曹操大战，不幸败北，先后投靠袁绍和刘表。
207 年　三顾茅庐请诸葛亮加入，得到“隆中对”的战略方针。
208 年　长坂坡一战，再次败给曹操。后联合孙权，在赤壁之战中打败曹操，夺取荆州。
219 年　北攻汉中，在汉中之战斩杀曹操名将夏侯渊，又迫使曹操退军，完全占据了汉中。
221 年　在成都称帝，以汉室宗亲的身份重新建立汉朝，继续东汉大统，年号“章武”。
222 年　夷陵之战大败，最终撤退到白帝城。
223 年　卒于永安宫，谥号为昭烈帝。

关系图谱

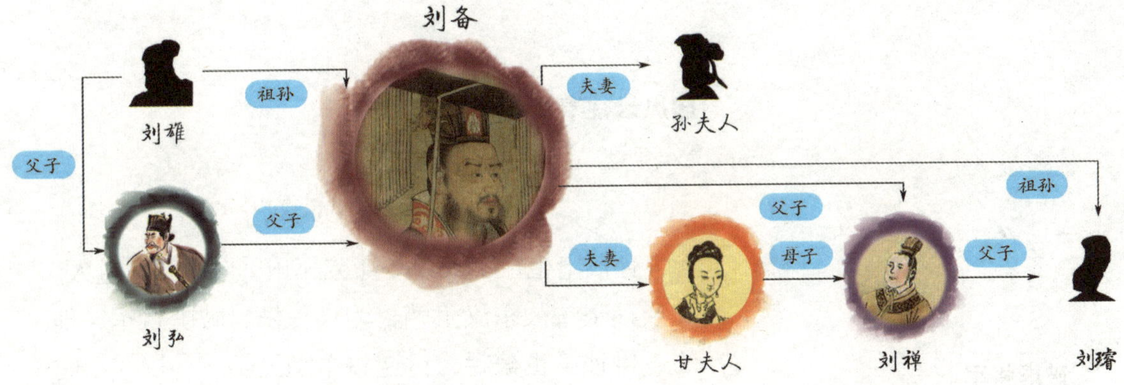

人中佼佼　叱咤云风

孙权

■名片春秋 I

孙权（182 ～ 252），字仲谋，吴郡富春（今浙江富阳）人。三国时期东吴的建立者。孙权的父亲孙坚和兄长孙策，在东汉末年群雄割据中打下了江东基业。18 岁时兄长孙策遭暗杀后，孙权继而掌事，成为一方诸侯。他于 221 年称吴王；229 年称帝，建都武昌（今湖北鄂州），后迁建业（今江苏南京），其政权史称“东吴”。

■风云往事 I

◇名门之后　文武双全◇

孙权出生在下邳（今江苏邳州）自小聪慧过人。父亲孙坚曾被东汉王朝封为乌程侯、破虏将军，他的哥哥孙策也被封为讨逆将军和吴侯。孙权在小时候便跟着哥哥转战各地，见多识广，而且他又很爱读书，历史、文学各方面都广泛涉猎，这使得他初步具备了文韬武略。据古书记载，孙权生来就有一双碧眼，目光炯炯有神，形貌奇伟，异于常人。孙权善于骑射，年轻时常常乘马射虎，胆略超群。孙

破虏将军

东汉杂号将军之一。三国魏时为第五品官员。刘秀（即东汉光武帝）、董卓等都曾做过破虏将军。

权有着开朗的性格，也很能容人，在父兄的军队中名望很高。父亲战死后，有时他给哥哥出谋划策，让哥哥孙策大为惊讶。看到孙权如此善谋略，孙策很高兴，一次在设宴招待宾客的时候，对弟弟孙权说："你看，现在眼前的文臣武将，以后都会成为你的属下，辅佐你成就大业。"孙权被举为孝廉、茂才，任阳羡（今江苏宜兴）长（类似于县长的职位）。后来东汉朝廷册封他为讨虏将军，兼领会稽太守。从此，他掌握了江东实权。

▲ 湖北鄂州孙权雕像

◇龙图霸业　纵横捭阖◇

200 年，孙策临终时将孙权托付给了张昭，然后又将印信交给了孙权。孙权没有辜负哥哥的希望，积极经营江东，扩充势力，以待合适时机称霸天下。

在辅佐孙权的大臣中，除了张昭和周瑜之外，鲁肃也是一个很重要的人物。他也曾经像诸葛亮作"隆中对"那样为孙权分析过天下大势，名为"榻上策"。他说："现在的汉朝已经无法恢复元气了，但是想要清除曹操势力绝不是一时半会就能做到的。现在将军您最重要的是安定自己的后方，稳固自己的领地之后再等待有利时机，四处征讨，最终将长江两岸广阔的领地据为己有。到那时便可以称帝号令天下了。这其实就是当年汉高祖曾经创立的功业。"

孙权按照鲁肃的谋略，开始稳固江东，为扩充领地，静待时机。首先他解决了山越人骚扰的问题。山越人是秦汉时期百越的后代。为了逃避原来苛重的赋税，逃进山林中，形成了自己的组织和社会，拒绝向孙权政权交纳租税。开始，孙权派兵镇压，但效果并不明显。为解除后顾之忧，他再派大将吕范、程普、太史慈、韩当、周泰等领兵合围，抓获

百越

古代南方越人的总称。分布在今浙、闽、粤、桂等地，因部落众多，故总称百越。越即粤，古代粤、越通用。亦指百越居住的地方。也叫"百粤""诸越"。秦汉时，相关史籍泛称中国南方的民族为"越族"，史称"北方胡、南方越"。随着历史发展变化，至迟在汉朝初期，百越族已经逐渐形成几个较强盛的部分，即东瓯、闽越、南越、西瓯和雒越。著名作家朱千华先生在其笔记著作《岭南田野笔记》中，对百越文化有详尽记述。

了山越人的头领。同时，将山越人区别对待：强壮的青年人充实军队，老人、妇女则安排农业生产。孙权集中兵力终于解决了山越人的问题，后方得以彻底稳固，这为他下一步对外用兵奠定了基础。

之后，孙权开始进攻割据在长江上游的江夏太守黄祖。208 年，黄祖部将甘宁，因得不到重用而投奔孙权。孙权知人善任，待他如同旧臣，甘宁于是提出“划江而治、二分天下”的战略目标。此时江东已大体稳固，兵强马壮，粮草充足。这一计划的提出更坚定了孙权出兵的信心。黄祖匆忙备战，他先将两艘大船横着排在江面上，船上有上千将士，准备用弓箭击退孙权的战船。同时，又用大绳拴上巨石沉到江里，以此来固定大船。这样，两艘大船如同水上的城墙一样横断了长江。

▲ 鲁肃（172~217），东汉末年战略家

孙权的江东水军英勇直前，偏将军董袭率领敢死队，每人身上穿双层甲胄，猛冲到了黄祖的大船边，董袭用刀砍断了两根拴巨石的大绳。在江东水军的强大攻势下，黄祖大败，并丢了小命。战胜了黄祖后，孙权将夏口纳入了自己的版图。

◇赤壁大战　三分天下◇

208 年，在孙权信心满满地想继续进兵荆州时，曹操却领兵南下。此时，孙权联合刘备共抗曹操，于是就有历史上有名的赤壁之战。

黄祖（？~208)，东汉末年荆州牧刘表部下的江夏太守。在与长沙太守孙坚交战时，其部下将孙坚射死，因此与孙家结下仇怨。之后在 208 年与孙权的交战中败北，被杀。

当时的荆州牧(即荆州的行政长官)刘表刚病死，两个儿子刘琦和刘琮正在闹矛盾，鲁肃建议孙权派他去劝说暂时寄居荆州的刘备，合作共同抗击曹操，然后再寻机夺取荆州，以成就大业。

鲁肃见到刘备之后，提出了联合抗曹的主张。这和刘备、诸葛亮的设想不谋而合。后来曹操从江陵东进，形势危急，诸葛亮急忙同鲁肃一起去见孙

权，并对三方的兵力进行了对比，分析了曹操方面的不利因素和江东水上作战优势。孙权听了很兴奋，便召集大臣们共同商议。恰好这时曹操送来了书信，说自己领兵80万，要与江东决一雌雄。张昭等文臣提出让孙权暂时投降曹操。孙权很不高兴，愤然离开，鲁肃这时追上对孙权说，别人投降都可以，唯独他孙权不能，否则性命难保。鲁肃又提议孙权将周瑜请来商议。周瑜力主抗曹，这坚定了孙权的信心。刘备和孙权终于联合起来做抗曹的准备。

黄盖（生卒年不详），东汉末年名将，历仕孙坚、孙策、孙权三任君主。208年赤壁之战时，黄盖前往曹营诈降，并趁机以火攻大破曹操的军队，是赤壁之战的主要功臣之一；他也因为此事迹而被后人广为传颂，小说《三国演义》在刻画黄盖这一人物时描写了“苦肉计”的故事。

周瑜领兵出击，在赤壁和曹操的军队遭遇。周瑜派黄盖用苦肉计取得曹操的信任。黄盖先是佯装投降，然后用10艘战船装满柴草、油脂冲向曹操大营，用火攻烧得曹军死伤过半，曹军大败。曹操败走华容道，狼狈北撤。赤壁一战，曹操大伤元气，三国鼎立局面基本上形成。

222年，孙权被封为吴王，定都武昌。曹丕为了增强对江东的遥控，要求孙权将自己的儿子送到魏国都城做人质。孙权总是找借口推辞，最后曹丕以此为借口，说孙权心不诚，于是发兵攻打江东。孙权为了对抗曹丕，又派人向刘备请求和好，刘备此时也无法收回荆州，为了集中力量治理好后方，双方又一次达成同盟。

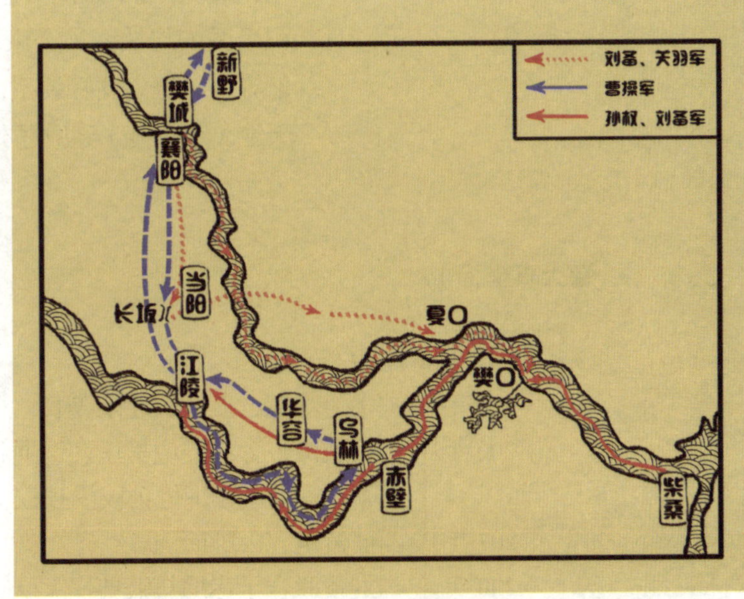

▲ 赤壁之战示意图

吴蜀同盟的恢复使曹丕很是恼火，亲自率领军队讨伐东吴。孙权采纳了徐盛的计策，一夜之间在

▲ 孙权画像

长江南岸用木桩和芦苇造了无数的假城楼，连绵数百里。第二天，曹丕以为江东早有防备，悻悻而归。

229 年，孙权趁魏明帝年轻、吴国与蜀汉关系较好的时机，称帝建立了吴，改年号为黄龙。这就是历史上所称的三国时期的吴国。

■历史评价 |

在开展军事、外交活动和领土扩张的同时，孙权注重发展生产、富国强兵。他接替孙策主事不久，即开始推行屯田制。当时东吴屯田的规模可观，且多用牛耕，耕作技术较先进。孙权也注意兴修水利，他于 230 年筑东兴堤，以遏巢湖水，又于 250 年作堂邑涂塘（即今江苏南京六合区互梁堰）。此外，还开凿了几条运河，这些运河既有内河航运功能，又有灌溉作用。 为了恢复和发展生产，孙权多次宽赋调息，夺取荆州后，“尽除荆州民租税”，并下令诸将要居安思危，加强武备，崇尚节俭。孙权还积极发展航海事业，积极派人与扶南（今柬埔寨）、交州（包括今越南北部等地）建立友好关系，又派刺史出使南洋诸国，与天竺（今印度）建立了外交关系。

■大事坐标 |

182 年 出生。

196 年 被举为孝廉、茂才，任阳羡长。

200 年 孙策逝世，孙权继位吴侯、讨逆将军，自领会稽太守。张昭、周瑜等重臣全心辅佐孙权。孙权招贤纳士，开始统治江东。

207 年 西征黄祖，大胜而回。

208 年 与刘备联合于赤壁打败曹操军队，建立了孙刘联盟。

219 年 派吕蒙趁刘备势力北攻襄樊之机，偷袭荆州，擒杀守将关羽。

222 年 在夷陵之战中，派遣部将陆逊大败刘备率领的复仇大军，使蜀汉的精锐部队受到重创。

229 年 称帝，定国号为吴，同年将都城从武昌迁到建业。

230 年 派卫温、诸葛直等航行到达夷州（今台湾）。

242 年 派聂友等航行到海南岛。

252 年 因患风疾卒于建业宫中，在位 23 年。葬于建业，谥大皇帝，庙号太祖。

关系图谱

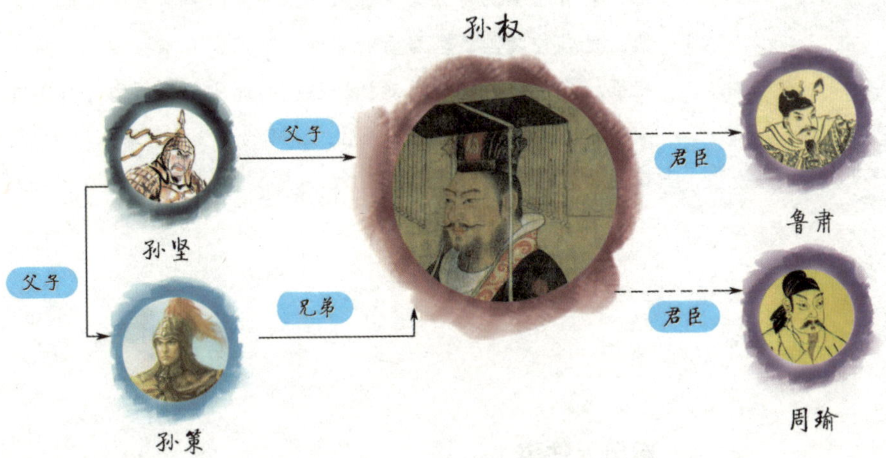

雄豪之志　晋朝开国

司马懿

■名片春秋 |

司马懿（179 ~ 251），字仲达，出身士族，三国时期魏国权臣，西晋王朝的奠基人。曹魏时期曾任骠骑将军、太尉、太傅，是辅佐魏国三朝君主的重臣，后期成为掌控魏国朝政的权臣。多次率大军成功对抗诸葛亮的北伐。死后谥号舞阳宣文侯；次子司马昭被封晋王后，追尊为宣王；司马炎称帝后，追谥为宣皇帝。

■风云往事 |

◇出身显赫　蕴藏大略◇

司马懿出身显赫，他的高祖是司马钧，汉安帝时为征西将军，曾祖父司马量为豫章太守，祖父司马隽为颍川太守，父司马防曾任京兆尹一职。司马懿自幼聪明，善谋略。

208 年，曹操自任汉室丞相。为了实现统一南方的大业，他一面开玄武池以练水军，一面积极网罗人才。司马懿为丞相府文学掾。

曹操对司马懿的才能非常赏识，但对他“内忌而外宽，猜忌多权变”的特点也看得一清二楚。曹

征西将军

东汉时设置，因西征赤眉军而得名。三国时沿用。统领雍、凉二州，屯驻长安。有征西大将军，三国时期魏及蜀以征西将军中的资深者担任。

操听说司马懿有“狼顾相”，又察知他有所谓“雄豪志”，加之又曾梦见三马同食一槽，心中自然多了一分防备。曹操见曹丕与司马懿关系甚好，忧心忡忡地对儿子说：“司马懿终将不甘心位居臣下，将来必然干预我家政权。”曹丕没有听从父亲的警告，反而多方面保护司马懿。

司马懿敏感地察觉到了曹操对他的猜疑，于是装作对权势地位无所用心，表现出满足现状的样子，曹操见此，这才安下心来，消除了对他的怀疑和警惕。诡诈无比的曹操也被司马懿施放的烟幕所蒙蔽。

文学掾

古代官名，正史书中未有详细介绍。掾在古代为副官佐或官署属员的通称，三公等高位者皆可辟召掾属。

◇屯田积谷　巩固边防◇

东汉末年，政治黑暗，战争不断，经济凋敝，百姓流离失所，社会动荡不安。在此情况下，解决积谷和流民问题就成为稳定社会的关键。

219年，已升为丞相军司马的司马懿向曹操提出了实行“军屯”的建议。他说：“现在天下有很多荒耕的土地，要想打赢仗，必须先储备充足的粮草。”曹操欣然采纳。此后，司马懿还不断地强调劝农积谷的重要性，并具体领导发展军屯的工作。

242年，司马懿上奏请求修广漕渠，引黄河水入汴，灌溉东南诸陂，在淮北大兴屯田。广漕渠长300余里，溉田2万余顷。一年后，司马懿又大兴屯守，广开淮阳、百尺二渠，灌溉颍川南北诸陂万余顷。自此，淮河以北的广大地区，粮仓丰满，自寿阳至京都洛阳，百姓屯田与军队屯田连成一片，阡陌交通，鸡犬相闻。

淮河流域与东吴接壤，司马懿在这里大规模屯田，明显有着深远的战略意义。当时，由于司马懿的倡导，曹魏政府在淮北有2万余人屯垦，淮南也有3万余人，而且还有4万余人在这一地区且耕且守，每年可得军粮500万斛。魏国的东南边防得到了巩固，这不能不说是司马懿的功劳。

▲ 河南温县司马懿石像

▲ 司马懿画像

◇借吴灭蜀　解围樊城◇

219年，刘备拜关羽为前将军，率军攻打曹仁驻守的樊城，打算在攻破樊城后，直接去攻打安徽、洛阳，占领曹操的统治区，进而一统中原。

曹操深知樊城的战略地位，便急派于禁、庞德两位大将率7万人马前去增援。时值秋季，雨水不断，汉水猛涨，关羽水淹七军，生擒了于禁。之后又斩杀了将军庞德。蜀军直逼樊城城下。曹操此时已到洛阳，面对如此紧迫的形势，不禁惊慌失措，以至打算迁都。司马懿却十分沉着，谏阻道："于禁将军是因为大雨不断才被打败，并非是战场上杀不过敌人所致，于国无碍。如果现在匆忙迁都，既是向敌人示弱，也会助长了关羽的气焰，更会引起淮沔一带居民的骚动和不安。孙权和刘备，外亲而内疏，现在关羽如此得意，自然是孙权不愿看到的。我们可以派使臣与孙权联系，请其派兵抄关羽的后路，自然可解樊城之围。"

▲ 关羽水淹七军

曹操听了司马懿的一席话，觉得言之有理，决定依计而行。恰巧这时孙权的使臣也来到洛阳，表示要与曹操联手进攻关羽。

不久，曹操在洛阳病故。曹丕嗣位为丞相、魏王，封司马懿为河津亭侯。这时，

孙权举兵西进。曹丕召集群臣分析军情，共商大计。众大臣都认为，东吴此次兴兵西进，意在攻取樊城、襄阳。而两城积储不多，恐怕很难进行持久战。于是，他们建议及早命令镇守襄阳的大将曹仁在孙权兵到之前，火速弃城，退居皖城。只有司马懿不以为然，他说："孙权刚刚打败关羽，必然担心刘备会伺机报复，现在是他欲与魏王结好、防御西蜀的时候，决不敢贸然犯我。樊、襄二城在军事上有着重要的战略地位，千万不能放弃。"遗憾的是，曹丕固执己见，拒绝了司马懿的建议，命曹仁焚弃二城，退居皖城。果然不出司马懿所料，孙权并未侵扰二城。曹丕十分后悔。

▲ 河南郑州荥阳司马懿墓

◇老谋深算　掌权曹魏◇

231年，诸葛亮志在统一中原、复兴汉室，率大军北伐。蜀军进抵天水，把曹魏将军贾嗣、魏平围困在祁山。魏军的形势非常危急。魏明帝急调荆州都督司马懿西屯长安，都督雍、凉二州诸军事，统辖车骑将军张郃、后将军费曜、征蜀护军戴凌、雍州刺史郭淮等部抵御诸葛亮。

司马懿与诸葛亮对阵时，谨慎行事，互不相让，难分高下。他断定，孤军深入的蜀军必因军粮供应困难而急于求战。于是，他命令全军在险要之地筑好营垒，拒不出战。诸葛亮以退兵诱敌，司马懿谨慎尾随。后来在部将催促下，司马懿派兵出战，结果被蜀军击退。魏军吸取教训，听从司马懿的计策，坚守不战，蜀军终因粮草不济而被迫撤兵。

唐太宗李世民曾为《晋书·宣帝纪》作史论，指出了司马懿在性格、军事、政治等多方面的矛盾或不平衡之处。

诸葛亮于三年后再次大举兴兵。这一次，诸葛亮经过充分准备，率10万大军出斜谷，入郿城，扎营于渭水南原。魏明帝甚为担忧，又增派征蜀护军秦朗率步骑2万人，归司马懿节度指挥。司马懿率军渡过渭水，背水为垒，诸葛亮大军受阻，没法向

▲ 诸葛亮对战司马懿

前，只得退到五丈原。司马懿清楚，诸葛亮虽经三年准备，但“蜀道之难难于上青天”，10 万大军的军需补给还是他们面临的最大问题。蜀国倾其国力进行伐魏战争，也很难经受旷日持久的消耗。因此，诸葛亮还会像上次那样急于决战。老谋深算的司马懿对“持重”战略认识得更加清楚，他要以逸待劳，拖垮蜀军。于是，他严令部属，坚守营寨，不许出战。

诸葛亮没有办法，于是决定屯田养兵，做长期战争的准备。双方相持数月，毫无动静。诸葛亮无可奈何，便决定采用激将法，派人给司马懿送去一套妇女的衣饰，意在羞辱司马懿，说他像个女人一样，没有男子气概，从而激怒他，使其出战。魏军将士听说主帅受辱，义愤填膺，纷纷要求出战。司马懿冷冷一笑，假装生气说：“待我奏请圣上，不日与蜀军决战！”魏军将士摩拳擦掌，跃跃欲试。

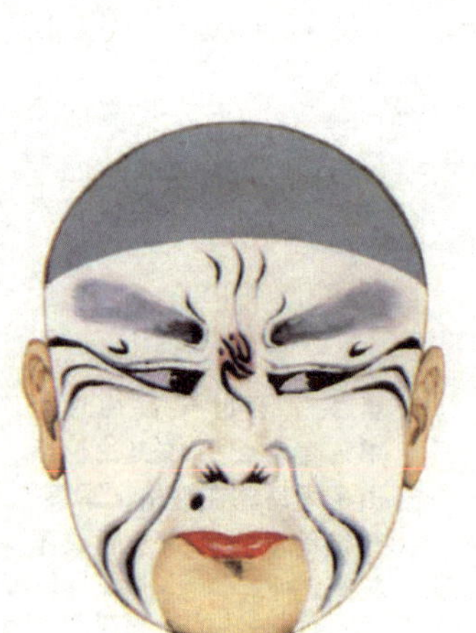

▲ 司马懿京剧脸谱

魏明帝看完司马懿的奏章，心领神会，断然拒绝出战，并派大臣辛毗为军师，手持符节，阻止出战。此后，每逢蜀军前来挑战，司马懿便假意要出战，辛毗则手持符节立于军门加以阻止。诸葛亮派使者去魏营，司马懿非常客气地接待了使者。席间，司马懿与使者闲聊，漫不经心地问道：“诸葛公近来起居如何？食欲怎么样？”使者不知何意，如实答道：“仅吃三四升米。”司马懿又问起诸葛亮日常处理政

事的情况，使者木讷无知，怀着钦敬的心情答道：“诸葛公夙兴夜寐，凡 20 板以上的处罚，他都要亲自审阅。”了解到这些情况，司马懿心中暗喜。送走使者，他对身边的将佐们说：“进食不多而政务繁多，身体哪能受得了？诸葛亮岂能久在人世也？不久将死。”

一天，司马懿的弟弟司马孚来信问军事进展情况，他复信道：“诸葛亮虽率军 10 万，但已落入我的圈套。大破蜀军，指日可待。”此时的司马懿对自己避而不战的策略十分自得，信心十足。不久，诸葛亮因操劳过度，忧烦至极，病死于五丈原。蜀军只好退兵，北伐中原再度失败。

司马懿老谋深算，以守为攻，终于成功地阻止了蜀军的进攻。从表面上看，司马懿处于被动地位，而实质上，他是非常高明的。他知道诸葛亮治军有方，但是，蜀军远道而来，粮草运输非常困难，不可能长期坚持下去。于是，他就抓住蜀军这一致命弱点，坚守不战，慢慢地将蜀军拖垮，使得足智多谋、指挥卓越的诸葛亮也无可奈何，含恨而逝。由于阻击蜀军有功，235 年，司马懿被提升为太尉，成为主管曹魏全国军事的统帅。

▲ 司马懿题跋立像

■历史评价 |

纵观司马懿的一生，如果说，南征北战、屡立战功，显示了他杰出的军事指挥才能，那么，他为避曹操的猜疑，行事低调、韬光养晦的做法，则显示了他政治斗争的韬略。对此，唐太宗李世民评价说：“观其雄略内断……自以兵动若神，谋无再计矣。”（《晋书·宣帝纪》）由此可见，司马懿不愧是三国时期杰出的谋略家。

大事坐标

179 年 出生。
208 年 任丞相府文学掾。
219 年 曹操进封魏王后，为太子中庶子，佐助曹丕。不久，转为丞相军司马。
220 年 曹操去世，管理丧葬诸事。曹丕即魏王位，受封河津亭侯，转丞相长史。同年，曹丕自主为帝，被任命为尚书。
226 年 曹丕去世，与曹真、陈群并为辅政大臣。
227 年 擒斩孟达。
239 年 与曹爽一起接受遗诏辅齐王曹芳登基，与曹爽共执朝政。
243 年 率军征吴。
249 年 杀曹爽及其同党独揽朝政。
251 年 病逝。

关系图谱

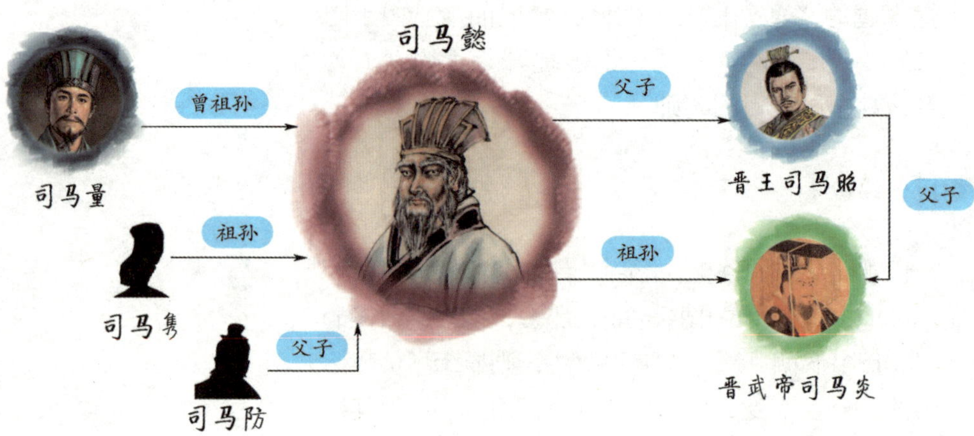

创建北魏　入主中原

拓跋珪

■名片春秋 |

拓跋珪（371 ～ 409），北魏开国皇帝，鲜卑族人。386 年，他趁乱重兴代国，在盛乐（今内蒙古和林格尔北）即代王位，同年称魏王，改国号为魏。改元登国。398 年，他将国都从盛乐迁到平城（今山西大同东北）。不久，登皇帝位。即位初年，他积极扩张疆土，励精图治，并使拓跋部落向封建制发展。后因好酒色，刚愎自用，不团结兄弟，导致在 409 年的宫廷政变中遇刺身亡。

■风云往事 |

◇幼年不顺　胸怀大志◇

拓跋珪出生的时候正值拓跋氏代国的鼎盛期。拓跋珪的父亲叫拓跋寔，母亲是匈奴贺兰部贺野干之女贺氏。拓跋珪出生时很重，约是普通小儿的两倍，是个大额头、大耳朵的胖小子。他自小聪明，很早就学会了说话。

拓跋珪的祖父什翼犍身材魁梧，相貌威猛，是拓跋鲜卑人的领袖、声威显赫的国王。鲜卑拓跋部的代国在他的带领下非常强盛。代国疆域南抵雁门

拓跋姓

出自鲜卑族拓跋（又称托跋）部。北魏孝文帝推行汉化政策，改拓跋为元姓。

关，北至大漠，是塞北草原强国。

受祖父的感染，拓跋珪从小就身怀远大志向。他出生 5 年后，匈奴铁弗部叛离代国，引领前秦军攻代，一个强大的草原王国转瞬间土崩瓦解。亲眼看到王国衰落，亲身经历国破家亡的苦痛，幼年颠沛流离、寄人篱下，这些都给拓跋珪打下深深的烙印。拓跋珪从那时起过着动荡的生活，应付生存所需要的智慧和毅力逐渐养成，战争、苦难、血与火的经历养成了他果断、残忍、冷酷的性格。作为拓跋鲜卑的王族后代，少年拓跋珪无时无刻不在想着光复故国，恢复拓跋鲜卑的荣耀。

▲ 山西大同东城墙带状公园内拓跋珪雕像

◇征战讨伐　建立帝国◇

386 年，拓跋珪在各部大人的推荐下，即代王位，建元登国。同年称魏王，改国号为魏。拓跋珪选拔人才，励精图治，重兴代国。这一年，在历史上被看作北朝的开始。拓跋珪建国后，推行积极的农业政策，经济有所发展。他连年征伐，先后击破刘显军及库莫奚、高车诸部。又为报前仇，讨伐其舅统领的贺兰部，而一直与代国有世仇的刘卫辰此时也派儿子攻击贺兰部，舅舅贺兰讷只得向拓跋珪乞降。接着，他率军征伐黜弗部；又在戈壁上冒险行军，在南床山大破柔然。刘卫辰趁拓跋珪伐柔然之际，派直力鞮率兵攻击魏国南部，拓跋珪大败直力鞮于铁床山，擒斩直力鞮。刘卫辰丢掉老巢悦跋城而逃，路上被部下所杀。拓跋珪在攻灭刘卫辰部的战争中，共获良马 30 多万匹，牛羊 400 多万头，奠定了国家繁盛的物质基础，周围各部落纷纷降服。

前秦（351~394）

十六国之一。氐族苻健所建。都城长安（今陕西西安）。盛时疆域东至大海，西达葱岭，南控江淮，北抵大漠，东南以淮、汉与东晋为界。因其所据为战国时秦国故地，故以此为国号。前秦之称最早见于《十六国春秋》。

398 年，拓跋珪将国都从盛乐迁到平城。不久自称大魏皇帝。拓跋珪自复国，戎马一生，积极扩张疆土。弥泽湖大破刘显，千里袭柔然，渡河灭匈奴，北攻高车，饮马北海，虎步中原，大破后燕。然而，进入中原后的拓跋珪在民族矛盾的困扰下，变得残暴、冷酷以至于神经紊乱，最终被自己的亲生儿子拓跋绍刺杀。

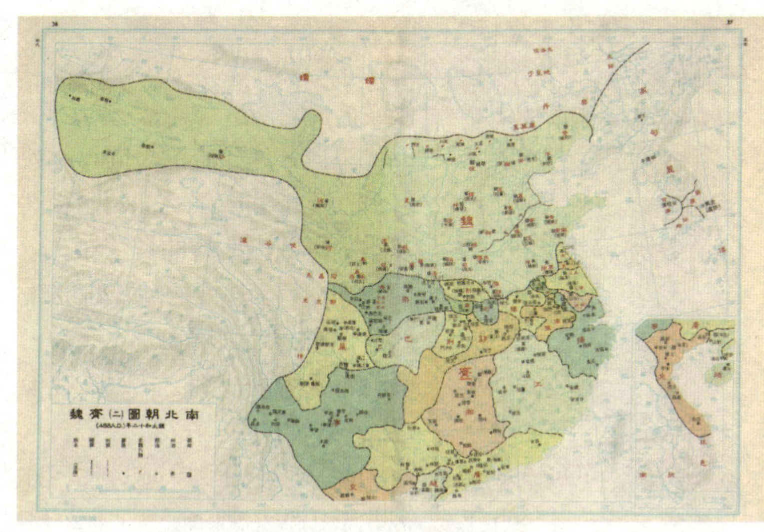

▲ 南北朝时期北魏版图示意图

■历史评价 I

拓跋珪是北魏著名的统治者。他在位期间，对外遏制了柔然等族的袭扰，稳固了北魏的边疆；对内迁都平城，称帝建国，仿中原封建制度营建宫室，制定各类典章制度、礼仪等。重视文化事业的发展，把文化水平作为选拔官吏的重要条件之一。对拓跋鲜卑建立在血缘基础上的部族制度进行改革，“离散诸部，分土定居”，使各个民族都成为北魏的编民，加强了中央集权，使拓跋鲜卑在新的环境、条件下很快地适应了社会发展的客观要求。经济方面，在继续注重发展畜牧业的同时，实行“务农息民”“劝课农桑”“计口授田”，在五原、云中、代郡等地大兴农业，稳固了北魏的经济基础，加速了拓跋鲜卑封建化的进程。拓跋鲜卑是最早统一北方地区的北方游牧民族。

后燕（384~407）

十六国之一。鲜卑慕容氏所建。都城中山（今河北定州）。盛时有今河北、山东及辽宁、山西、河南大部。是十六国后期中原地区最强盛的一个王国。

■大事坐标 |

371 年 出生。
386 年 即代王位，建元登国。同年称魏王，改国号为魏，史称北魏。
387 年 打败独孤部刘库仁之子刘显和刘卫辰。
390 年 征服占据阴山北麓的贺兰部。
391 年 征服占据河套以西的匈奴黜弗部。随后又兼并库莫奚、高车等部落，实力大大增强。
395 年 后燕帝慕容垂伐魏。拓跋珪在参合陂打败燕军，史称参合陂之战。
398 年 将国都从盛乐迁到平城，后自称大魏皇帝。
409 年 被儿子拓跋绍刺杀。

■关系图谱 |

推动改革　促进融合

拓跋宏

■名片春秋 |

拓跋宏(467 ~ 499),北魏孝文帝,北魏献文帝拓跋弘的长子,北魏第七位皇帝（471 ~ 499年在位）。他是一位卓越的少数民族政治家、军事家和改革家。他崇尚中原文化，实行汉化政策，禁胡服、胡语，改变度量衡，发展教育，改变姓氏并禁止归葬，提高了鲜卑人的文化水准。孝文帝的改革，促进了民族融合和各民族的发展。

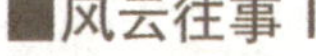

■风云往事 |

◇幼年登基　青年亲政◇

孝文帝拓跋宏是北魏献文帝拓跋弘的长子，北魏的第七位国君。471年,幼年的拓跋宏就当上皇帝。北魏拓跋家族一直采用汉武帝的老办法，“立其子杀其母”，就是在立儿子做太子的同时，杀掉太子的母亲，以此来防止后宫干政这样的事发生。拓跋宏的生母也是这样被杀死的。年幼的拓跋宏只能由祖母冯氏抚养。所以，471~490年期间，其祖母冯氏一直操控着大权。

490年拓跋宏亲政，他开始大刀阔斧地进行一

▲ 孝文帝行宫图

系列改革。第一件大事，就是迁都洛阳。因为自北魏建国后的一个多世纪里，北魏王朝和境外强敌——柔然一直处于严重对峙状态。柔然不断攻掠北魏北境，严重威胁着北魏的安全。拓跋宏迁都的目的，一是避开柔然对都城的威胁；二是为了便于学习和接受汉族先进文化，进一步加强对黄河流域的统治。

493 年，魏孝文帝亲自率领 30 多万步兵骑兵南下，从平城出发，号称要讨伐南方齐国。到洛阳时，恰好赶上当地下雨，阴雨绵延了一个多月，道路泥泞，行军困难。孝文帝却仍旧戴盔披甲骑马出城，下令继续南进。

大臣们本来就不想出兵，趁着这场大雨，又出来阻拦。孝文帝便严肃地说 ：“这次我们兴师动众，如果半途而废，岂不被天下人耻笑。如果不能南进，就把国都迁到这里。诸位认为怎么样？”

大家听了，面面相觑，都不说话。孝文帝说：“不能犹豫不决了。同意迁都的往左边站，不同意的站在右边。”

一个贵族说 ：“只要您同意不再南伐，那么迁都洛阳，我们也愿意。”孝文帝表示同意。许多文武官员虽然不赞成迁都，但是听说可以停止南伐，也就纷纷表示赞同了。

孝文帝把洛阳的事安排好后，又派任城王拓跋澄回到平城去，向那里的王公贵族宣传迁都的好处。

柔然

4世纪末至6世纪中叶，继匈奴、鲜卑之后，活动于中国大漠南北和西北广大地区的少数民族之一，与其并存的还有敕勒。当时，正是中国历史上十六国、南北朝纷争对峙时期。南北朝时柔然也自称“汉”，552 年柔然因属下突厥部落起义而灭国。后来，柔然的一支于 568 年进入了东欧。在那里，柔然成了欧洲人所说的阿瓦尔人。

后来，他又亲自到平城，召集贵族老臣讨论迁都的事。贵族中仍有不少人反对迁都。他们搬出一条条理由，都被孝文帝驳倒了。最后，那些人见无法阻止，只好说：“迁都是大事，到底是凶是吉，还是卜个卦吧。”

孝文帝说：“卜卦是为了解决疑难不决的事。迁都的事，既已成定局，还卜什么。要治理天下的，应该以四海为家，今天走南，明天闯北，哪有固定不变的道理？再说我们上代也迁过几次都，为什么这次就不可以？”

贵族大臣被驳得哑口无言，迁都洛阳的事，就这样决定下来了。494 年，北魏迁都洛阳。

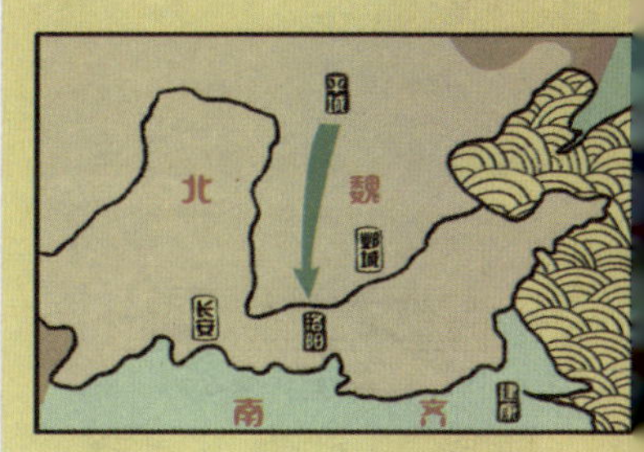

▲ 北魏迁都示意图

◇主张改革　推行汉化◇

魏晋南北朝时期是北方草原游牧民族文化与南方中原汉族文化大融合大碰撞的时代。这期间，北魏孝文帝的汉化运动将民族大融合推向了高潮。孝文帝拓跋宏迁都洛阳之后，继续进行改革。他的汉化改革之所以能够推行，首先得力于他知人善任。他不仅重用主持改革、提倡汉化的鲜卑贵族，还重用了许多有才干的汉族人。他深知笼络汉族对于巩固北魏统治的重要性，所以他一直不持民族偏见，重用汉人。对南朝投降过来的官吏，他也能待之以礼。孝文帝不拘一格地选用人才，为自己的改革组织了一个智囊团，在这些人才的支持和帮助下，孝文帝从改革鲜卑旧俗，学习汉族的生活方式和典章制度着手。改革的措施主要包括：

第一，禁止鲜卑贵族穿着胡服，一律改穿汉族衣服。

第二，禁止鲜卑贵族讲鲜卑语，一律改说汉语。（年龄在 30 岁以上的人，使用鲜卑语已成习惯，允许不立即改变；30 岁以下的人和在朝做官的人，不得继续使用鲜卑语，若明知故犯，就要降职或罢官。）

▲ 山西大同东城墙带状公园内拓跋宏铜像

第三，将鲜卑族姓氏改为汉族姓氏，把皇族由姓拓跋改为姓元。

第四，鼓励鲜卑贵族与汉族贵族通婚。

第五，采用汉族的官制、律令。

第六，学习汉族的礼法，尊崇孔子，以孝治国，提倡尊老、养老的风气。

第七，凡已迁到洛阳的鲜卑人，一律以洛阳为原籍；死于洛阳的鲜卑人，必须葬于洛阳附近的邙山，不准运回平城安葬。

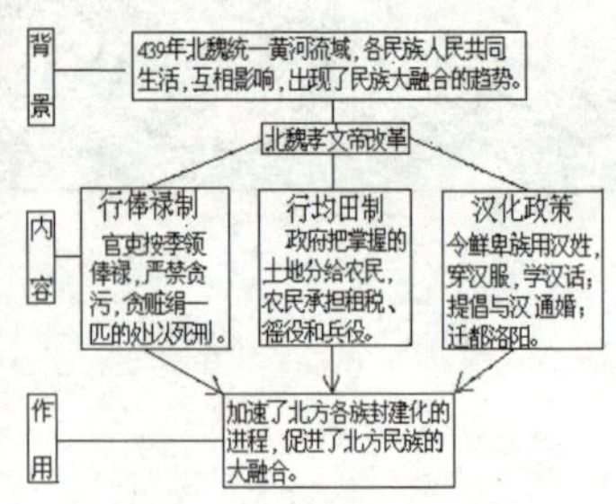

▲ 北魏孝文帝汉化改革简明图

在孝文帝实施的一系列汉化运动中，较重要的是要求臣民说汉语、穿汉服。

作为一国之君的拓跋宏，为了强国富民，带头讲汉语、穿汉服。495 年，孝文帝下诏令，要求不得以“北俗之语，言于朝廷，若有违者，免所居官”。他认为只有如此才能学好汉语，才能更好地学习汉人的经典著作。

在服饰方面，孝文帝改制汉人的衣冠，经能工巧匠六年完成，要求无论男女均需改为穿汉装。一次，孝文帝至邺城考察时，他看见一位妇女在车上没有穿汉服，当面斥责身边的大臣为何不察。可见孝文帝对于禁胡服、穿汉装的重视程度。

孝文帝对汉族的文化艺术也有很大兴趣。他从小就接受汉族文化的教育，不仅“五经之义”能拿过来就讲，史书传记、诸子百家涉猎颇多，而且对汉族的诗文也很有研究。孝文帝不仅改革鲜卑贵族的生活习俗，还教育他们学习汉族文化，从更深的文化层次改造他们。孝文帝有着清醒的认识，他明白只有不夜郎自大，不故步自封，虚心学习，才能发展壮大。他积极创办学校，传播文化知识，还搜集整理天下书籍，使因战乱而衰落的北方文化开始复兴。在他的带动下，鲜卑人进步很快。

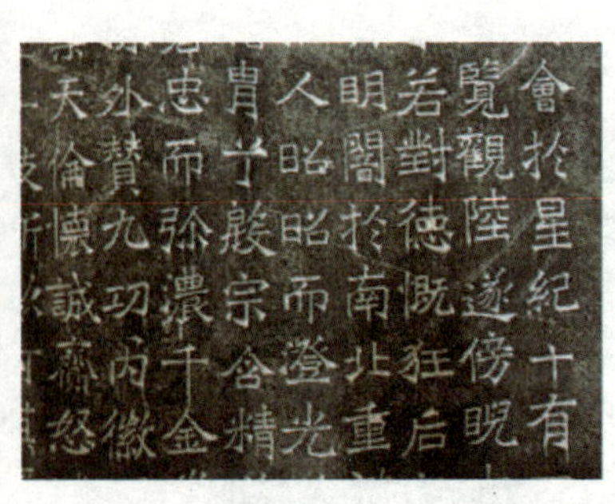
▲《魏孝文帝吊比干文碑》

孝文帝对北魏宗教艺术的发展也有很大贡献。

孝文帝的父亲献文帝就是个极其虔诚的佛教徒，他本人也信佛。因此，孝文帝大力提倡佛教。在他统治期间，佛教迅速发展起来。佛教的发展推动了佛教艺术的发展。当时最重要的佛教艺术形式，就是石窟艺术。我国三大石窟之一的洛阳龙门石窟，就是孝文帝正式迁都洛阳那一年开始修建的。另外，驰名中外的少林寺也是孝文帝于 495 年为远道而来的印度高僧跋陀修建的。在孝文帝时期，五台山的佛教也得以兴盛。

▲ 北魏孝文帝命昙曜和尚开凿的“昙曜五窟”

经过孝文帝的改革，北方经济得到恢复与发展，加速了北方封建化进程，促进了民族大融合。

■历史评价 I

孝文帝拓跋宏是北魏杰出的皇帝，也是中国历史上杰出的帝王。他亲政以后，为了巩固北魏政权，实行了许多重要的改革，加速了北方各少数民族的封建化进程，为中华民族的统一奠定了基础。孝文帝推行文治，在亲政之初，即整顿吏治。对官吏实行三年一考的整饬，彻底改变了官吏冗散的状况，使百官勤于政事，对完善封建国家制度，起到良好的作用。孝文帝还颁布了均田令，使北方经济逐渐恢复和发展起来，保证了封建国家的财政收入。他还提倡思想解放，带头学习汉族文化知识，采用汉族统治阶级的政治制度，提倡与汉族通婚。迁都洛阳后，他又下令改穿汉服，一年后他又下令改去鲜卑姓，自己首先改姓元。北魏孝文帝的改革，加强了民族融合，出现了历史上的北魏盛世。他迁都洛阳之后大规模营造了龙门石窟，为人类留下了一笔宝贵的文化遗产。

三大石窟

甘肃敦煌莫高窟、山西云冈石窟、河南洛阳龙门石窟并称为中国三大石刻艺术宝库。

■大事坐标 |

467 年　出生于平城。
469 年　被立为太子。
471 年　袭皇帝位。
484 年　下令实施“俸禄制”。
485 年　颁布“均田令”。
490 年　太皇太后冯氏死，拓跋宏亲政。
491 年　更定律令。
494 年　迁都洛阳。下令鲜卑族改穿汉服。
495 年　下令改说汉话。龙门石窟开始建造。 将鲜卑族的复姓改为单姓。拓跋宏改名元宏。
497~499 年　多次南征南齐。
499 年　病逝于南征路上。

■关系图谱 |

善谋建功　奠基北周

宇文泰

■名片春秋 |

宇文泰（507 ~ 556），代郡武川镇（今内蒙古武川西）人，鲜卑宇文部后裔。西魏丞相，军事家。北魏分裂后，于长安（今陕西西安西北）尊奉孝武帝与东魏相抗，后毒杀孝武帝，立南阳王元宝炬为帝（西魏文帝），总揽西魏朝政。他治军整肃，深谋远虑，善于用人。其子宇文觉废西魏恭帝自立，国号周，追尊宇文泰为文帝。

■风云往事 |

◇足智多谋　善于指挥◇

宇文泰的先祖是宇文部酋帅。东汉末期，宇文部加入鲜卑部落联盟，逐渐鲜卑化，在今内蒙古西拉木伦河上游过着游牧生活。

北魏末年六镇起义中，宇文泰随父宇文肱加入鲜于修礼的起义队伍。起义被尔朱荣镇压后，宇文泰成为其部将贺拔岳麾下的一员。530年，北魏孝庄帝元修杀掉了尔朱荣，但军权仍然掌握在尔朱氏家族的手中。不久，尔朱氏家族败灭，高欢做了丞相，由此掌权。孝武帝密诏贺拔岳，准备以贺拔岳牵制高欢。

尔朱荣（493~530），北魏将领，大臣。字天宝，北秀容（今山西朔州北）人。先世为契胡部酋帅。在北魏后期政权中，尔朱荣凭借镇压人民起义，迅速壮大了其军事力量，被擢升为游击将军、直阁将军、平北将军、北道都督。后来自任侍中、大将军等，专断朝政。尔朱荣于乱世中南征北战，最终挟帝自重，权倾天下。后由于他骄横跋扈，又功高震主，在530年被北魏孝庄帝所杀，年仅37岁。

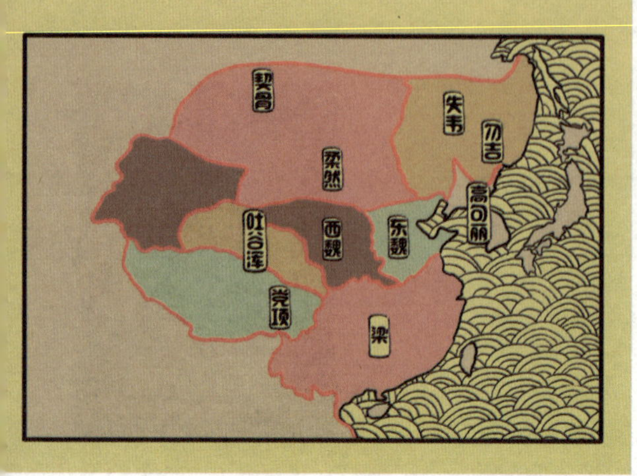

▲ 宇文泰时期的西魏版图示意图

534年，贺拔岳遇害后，众推宇文泰为统帅。后给孝武帝上书，相约共扶王室，孝武帝于是下诏以宇文泰为大都督、雍州刺史兼尚书令。同年，宇文泰平定秦、陇，孝武帝封宇文泰为骠骑大将军、开府仪同三司，关西大都督，地位仅次于高欢。之后，孝武帝携宗室数人从前线逃跑，投奔宇文泰。当年十月，高欢另立元善见为帝，建立东魏。北魏就此分裂。但是，孝武帝性格强硬，十分倔强，与宇文泰的关系并不好。535年，宇文泰杀掉孝武帝，另立元宝炬为帝，建立西魏，而实际政权控制在宇文泰手中。

宇文泰足智多谋，有很强的指挥能力，与东魏发生了多次正面交战。537年春天，东魏进攻潼关，宇文泰指挥得当，大败东魏。到了秋天，东魏调集10万人进攻沙苑（今陕西大荔南），宇文泰以不满万人的兵力，乘东魏军轻敌之际，亲自鸣鼓奋战，大胜，俘虏7万人，史称“沙苑之战”。

◇奉行德治　积极改革◇

虽然沙苑之战西魏取得了胜利，但是东西魏的力量对比悬殊。东魏地广国富，人口约2 000万，兵强马壮，高欢能调动的军队不下20万；西魏则城池狭小且较贫穷，人口不到千万，宇文泰直接掌握的军队不过3万余人。同时，西魏立国之初，关中遭遇饥荒，人心浮动。宇文泰看清了这种形势，于535年命令各衙署斟酌历史上的治国经验，结合当时实际，颁行了24条新制，并拟订治国大纲，革新政治。

同时，宇文泰又对军队统辖系统进行改革，形式上采取鲜卑旧日的八部之制，立八柱国。537年西魏文帝任命宇文泰为柱国大将军、都督内外诸军

▲ 宇文泰时期府兵调兵的信物——铜虎符

事，为西魏军队的实际统帅。548 年任命西魏宗室的王元欣为柱国大将军，但王元欣都是虚名，并无实权。另任命赵贵、李虎、李弼、于谨、独孤信、侯莫陈崇为柱国大将军，实际统率六军。每个柱国大将军下有两个大将军，共 12 大将军；每个大将军下有两个开府，共 24 开府；每个开府下有两个仪同，共 48 仪同。一个仪同领兵约千人，一个开府领兵 2 000 人，一个大将军领兵 4 000 人，一个柱国大将军领兵 8 000 人，六柱国合计有兵 4.8 万人左右。这支军队，就是历史上所说的府兵。

独孤信（502~557），本名独孤如愿，鲜卑族人，中国古代著名美男之一。他是西魏八大柱国将军之一。官拜大司马，进封卫国公。史称其“美容仪，善骑射”。他的三个女儿都做了皇后，分别是北周明敬后、隋元贞后、隋文献后。独孤如愿在少年时代喜爱修饰，讲究穿戴，故在军营之中享有“独孤郎”之美称。后因治绩突出，名声很大，被宇文泰赐名为信。独孤信是西魏威震四方的一代名将，因战功卓著，被提拔为宰辅。

在政治上，宇文泰奉行以德为主、以法为辅的统治原则。要求各级官吏用儒家学说修身，躬行仁义、孝悌、忠信、礼让、廉平、俭约等，恪守这些儒家道德规范。同时又向人民灌输孝悌、仁顺、礼义，企图通过儒家礼教来对人们进行教化，稳定统治秩序。

在用人上奉行唯贤是举，不限资历背景，只要德才兼备，哪怕出身微贱，亦可身居卿相。宇文泰的这一选官思想，保证了西魏吏治较为清明，也为大批汉族士人进入西魏政权开辟了道路。

宇文泰还比较注重听取臣下的不同意见，勇于纳谏。在法律上，宇文泰主张不苛不暴，既要“法不阿贵”，官员犯法与庶民同罪，又要求断案者慎罚，严禁刑讯逼供，尽量减少冤假错案。552 年，宇文泰下令废止流传了 2 000 余年的宫刑。

在经济上，宇文泰根据儒家先富后教的传统观念，积极劝课农桑，奖励耕植，并采取了一些相应的措施，将被破坏了的均田制恢复起来，使那些由于土地兼并、战乱、天灾而丧失土地、流落他乡的农民和土地重新结合在一起，为农民的生产活动提供了条件。由于宇文泰衡量牧守政绩的标准之一就是劝课农桑，因此地方官吏大都重视农桑生产，经

▲ 宇文泰画像

济逐渐发展，到556年宇文泰死之前，已经出现了一个仓廪充实的小康局面。

▲ 陕西富平宇文泰陵墓

宇文泰在思想文化上唯行孔子为代表的儒家文化，以儒家学说作为思想武器，去除鲜卑族的一些落后习俗，扫除当时思想领域中风靡一时的空谈玄理、崇佛论道的风气。在京师长安设立国子学，通过学校教育，培养大批具有儒家思想观念的人士，作为政权的支柱。

■历史评价 |

在由乱到治的历史转折点，宇文泰能够在纷繁复杂的历史条件下观时而变，顺应历史发展的潮流，积极进行变革，使其势力由弱转强，南清江汉，西克巴蜀，北控沙漠，奠定了北周王朝之基础。他在位时所颁行的府兵制、选官之法等更成为隋唐政治制度的渊源。宇文泰是中国历史上继北魏孝文帝元宏之后的又一位少数民族杰出人物。

■大事坐标 |

507年 出生。

524年 边镇起义爆发，随其父、兄迁徙到河北博陵（今河北安平）。

526年 随父亲加入起义队伍，但被朝廷的军队击败，被收编在贺拔岳部下。

530年 以步兵校尉的身份随贺拔岳入关，因镇压起义军有功累迁至征西将军、金紫光禄大夫。

533年 被任命为武卫将军、夏州刺史。

535年 立元宝炬为帝，建立西魏，而实际政权控制在宇文泰手中。总结过往治国经验，结合当时实际，颁行了24条新制，并拟订治国大纲，革新政治。

537年 东魏进攻沙苑，宇文泰率军迎击获胜，史称“沙苑之战”。

541年 颁行了由苏绰起草的六条诏书，后又颁布了12条新制。

545 年 制定《大诰》1 篇，作为文章的样式，明令以后文章须皆依此体。

552 年 下令废止流传了 2 000 余年的宫刑。

556 年 在北巡途中病逝，葬于成陵（今陕西富平北），谥号文公。

■关系图谱 |

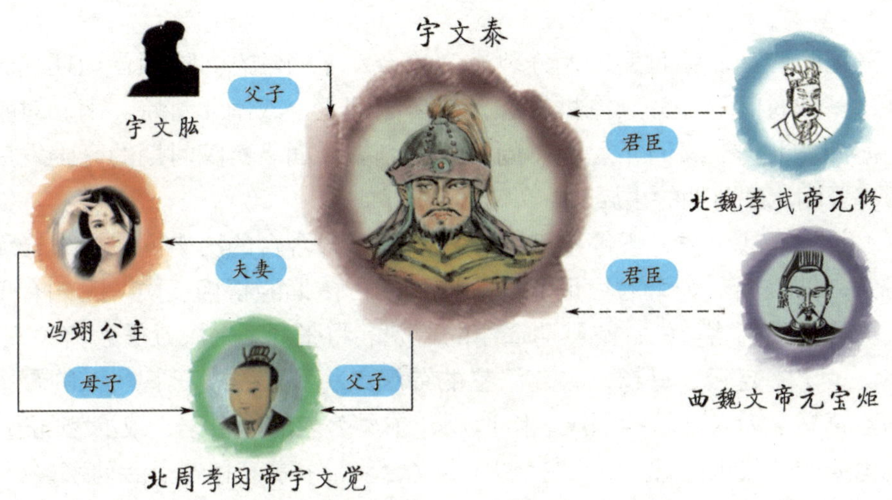

第二编

将相佐臣篇

三国两晋南北朝时期，大分裂成为社会发展的常态。除西晋短期统一以外，多数时间处在分裂割据状态，或多国鼎立，或南北对峙。南北对峙下的南方和北方，又时常呈现不同的分裂割据局面。秦汉时期的豪强发展成为魏晋南北朝时期的士族。

不断地征战讨伐，不停地上演着一幕幕分分合合的历史剧。烽火连天的号角，催生出一个个为后世津津乐道又千古传诵的将相王侯，比如有鬼神之勇的魏国名将曹仁，威震逍遥津的曹魏名将张辽；蜀汉五员大将关羽、张飞、黄忠、赵云、马超，心存汉室的蜀汉大将军姜维，足智多谋的蜀国名相诸葛亮，力主降魏的蜀汉名臣谯周，东吴著名的军事家、政治家陆逊，急流勇退的一代谋臣程昱，江东杰出的政治家、军事家和外交活动家鲁肃，文武韬略、善通音律的一代英才周瑜；西晋著名的政治家、灭吴的主要统帅杜预，出身寒门的西晋第一贤臣张华；东晋初期的杰出政治家王导，坐倚东山的东晋一代名相谢安；玉璧一战成名的西魏、北周名将韦孝宽等。本编将对其中一些主要人物一一讲述。

鬼神之勇　魏国名将

曹仁

■名片春秋 |

曹仁（168 ~ 223），字子孝，沛国谯（今安徽亳州）人。曹操的堂弟，三国时期曹魏名将，官至大司马。曹仁在少年时代就爱好骑射。当时天下大乱，豪杰纷起，他也暗中聚集1 000多人在淮水、泗水一带活动。后来曹操举兵，曹仁带人投奔，正式开始了他的军事生涯。死后谥号“忠侯”。

■风云往事 |

◇跟随堂兄　战果丰硕◇

198年，张绣在宛城屯兵，与刘表联合，这对于曹操控制的中央政权构成严重威胁，遂对宛城以及周边地区发起进攻。曹仁先行率骑兵从另一路配合曹操大军，一路势如破竹，并且俘获男女3 000多人。

此时，袁绍名闻天下，一些小地方割据势力都主动向其靠拢。这对曹操来说，的确不是什么好事，于是曹操准备铲除刚依附袁绍的眭固，亲自率军征讨，驻扎在黄河南岸，并派曹仁和史涣为先锋渡过黄河进攻眭固。眭固害怕了，亲自带兵向袁绍求救，

张绣（？ ~207），东汉末年割据宛城的军阀，汉末群雄之一，最初为董卓手下将领张济的族子。官渡之战前夕，听从贾诩的建议投降曹操，官至破羌将军。207年，张绣随曹操出征乌桓，在行军至柳城途中病死，谥为定侯。

但没想到半路突然和曹仁、史涣的部队相遇。两军相交勇者胜，眭固被杀。眭固的死，使袁绍和曹操的关系恶化，于是，两军在官渡对峙。当初，恰逢刘备突然杀了徐州刺史车胄，占据徐州，公开反曹。刘备投靠袁绍，袁绍便派刘备带兵绕道到达汝南地区，骚扰曹操后方。这时候汝南地区黄巾军刘辟等也依附袁绍，起兵反曹。刘备就和刘辟不断骚扰曹操的后方，一时间，曹操的根据地许昌周围郡县也多有响应。但官渡之战已经打响，根本没法回去平乱，曹操为此很是烦恼，这个时候曹仁却主动请缨。于是曹操让曹仁带精锐骑兵去对付刘备。结果刘备被曹仁大败，各郡县也均被曹仁收复，而后他回到官渡继续参加战斗。曹仁在大大小小的战斗中屡立战功，深得曹操器重，被封为都亭侯。

▲ 曹仁画像

◇一战成名　治军典范◇

207 年，曹操消灭了北方的袁氏残余势力，统一了中国的北方。在消除后方隐患之后，曹操开始打起了南方的主意。次年，曹操在邺（今河北临漳）开凿玄武池训练水军，经过半年的准备后，他南下征讨荆州，刘表之子刘琮投降。刘备从荆州撤退，驻军夏口，并派刚出山的诸葛亮去柴桑游说孙权联合抗曹。孙权权衡利益后，派周瑜、鲁肃率 3 万水军与刘备军于赤壁大破曹操。至此，荆州土地曹操仅得南阳、南郡、襄阳，其余皆被孙、刘瓜分。孙、刘两家乘胜追击，用兵江陵（今湖北荆州），准备将曹操势力彻底赶出荆州。双方展开了争夺江陵的

▲ 曹仁大战东吴兵

战争。

然而真正让曹仁一战成名的正是长达一年的江陵防御战。当时，曹操在赤壁大败，欲回邺城做休整。临走前让曹仁代理征南将军，驻守江陵。对于江陵这个重镇，孙权方面非常重视，命令周瑜率得胜之师立刻进军江陵，而这支队伍中集合了当时吴国的精锐兵力和武将。另外，刘备也没闲着，先是派张飞带了 1 000 人到周瑜方参战，再派关羽北上截断江陵补给线以及襄阳方面援军。曹仁自然不敢怠慢，严阵以待。孙刘联军集合完毕，就浩浩荡荡地向江陵城进攻。

曹操确实没有选错人，曹仁不但善于进攻，而更是擅长打防御战。凭借着江陵充实的储备，曹仁和周瑜一耗就是一年。《三国志》里记载，这一年里

樊城之战

蜀魏争雄间的一场著名战役，对三国态势产生重要影响。219 年，蜀国前将军关羽北进魏国荆襄。战初，关羽攻势凌厉，水淹樊城，擒于禁、斩庞德，胜券在握，直逼曹操动迁都之念。然而魏将曹仁坚守待援，吴国孙权派吕蒙偷袭荆州，关羽军腹背受敌，战势陡转直下。最终，魏国强援助守，关羽未能攻下樊城，荆州也失，败走麦城。

双方互相对峙，伤亡都很大。其间还在一次战斗中使周瑜右臂中箭，伤势严重以至于卧床不起。一年过去，城中储备已消耗殆尽，守不下去了，曹仁便放弃江陵北上突围。曹军各地守军亦从各处赶来接应曹仁，曹仁安全回到襄阳，继续镇守荆州。周瑜得到南郡，也不再进攻。至此，江陵攻防战结束。江陵虽然失陷，但却为曹操赢得了一年的休养时间。从战略意义上来说并不算失败。

江陵之战过后，曹操越发器重曹仁，这时候的曹仁已经是成功将士的典范了。218 年，曹仁亲自率军从樊城出发，包围宛城。并且在次年春天攻破宛城。此后，曹仁继续回到樊城驻扎镇守荆州，以对抗日益壮大的蜀国头号大将关羽。关羽在荆州蠢蠢欲动，窥视襄樊。后来因孙权全力对付关羽并将关羽擒杀，樊城之战结束。荆州又一次在曹仁的镇守下稳稳地控制在曹操的手里。

曹操死后，曹丕继位。他一上台就给自己的叔辈升官，封夏侯惇做大将军，曹仁做车骑将军。曹仁因为数次镇守荆州，便被授命驻军在宛城，统领荆州、扬州、益州军事。孙权居然打起了襄阳的主意，他趁曹丕忙着登基，派部将陈邵进兵占据襄阳。车骑将军不是白当的，曹仁对付陈邵不过是一碟小菜，他轻而易举攻下襄阳，而且这已经是第三次在荆州地头上扬威了。曹丕马上派使者当即任命曹仁为大将军（将军的最高级别）。曹仁因屡次顺利完成朝廷交给的任务，又被加封大司马（全国最高军事长官）。此时，因东线大将张辽去世，曹仁便驻军合肥。

222 年九月，魏、吴进一步交恶。曹丕不顾大臣反对，亲督三路大军伐吴。孙权也不甘示弱，积极调动部队，沿江部署。次年二月，曹仁统中路大军数万步骑进攻孙权，这也是曹仁军事生涯中的最后一次行动。年事已高的曹仁已经不能亲临战场前线，只能坐在军帐中指挥调度大军的行动。也许是一生中胜绩无数，曹仁并不把年轻的吴国将领朱桓放在眼里。曹仁采用声东击西的战术，但他的确低估了朱桓，朱桓在大敌当前时从容调度士兵守城，并主动示弱，引诱曹军进攻。结果朱桓放火烧了曹军的军营。曹仁的最后一次军事行动以失败告终，这是一个遗憾的结果。曹仁未能给自己的军事生涯划上一个完美的句号。同年，曹仁去世。

■历史评价 |

曹仁是曹操的堂弟，可以说出身于名门望族，他跟随曹操对外作战，

久经沙场，屡立战功，因此深得曹操信任。曹仁在东汉末年的军事舞台上活跃了近 40 年，亲身经历了东汉王朝的颠覆及三国鼎立局势的形成。多年的战争洗礼使曹仁从一个少不更事的懵懂少年转变为一个严于治军、奉公守法的军人典范，最终成为三国一代名将，为后世人所称颂。

■大事坐标 |

168 年　出生。

193 年　曹操为报父仇，东征徐州，派曹仁负责骑兵，任命为前锋。

195 年　曹操讨伐吕布，被派去剿灭吕布控制范围的周边势力，攻取句阳，活捉了吕布的句阳守将刘何。

198 年　两次击败张绣，解救了曹操，恢复了曹军的士气。

200 年　官渡之战爆发，以前后功绩晋封为都亭侯。

208 年　跟随曹操南下，任征南将军。赤壁之战败北后，屯兵于江陵，抵挡吴将周瑜。

211 年　曹操讨伐马超，任行安西将军，率领诸将拒马超军于潼关，后来的曹操大破马超。

219 年　关羽北伐至樊城，与徐晃前后攻击关羽，关羽最后败走。

223 年　去世，追谥为忠侯。

■关系图谱 |

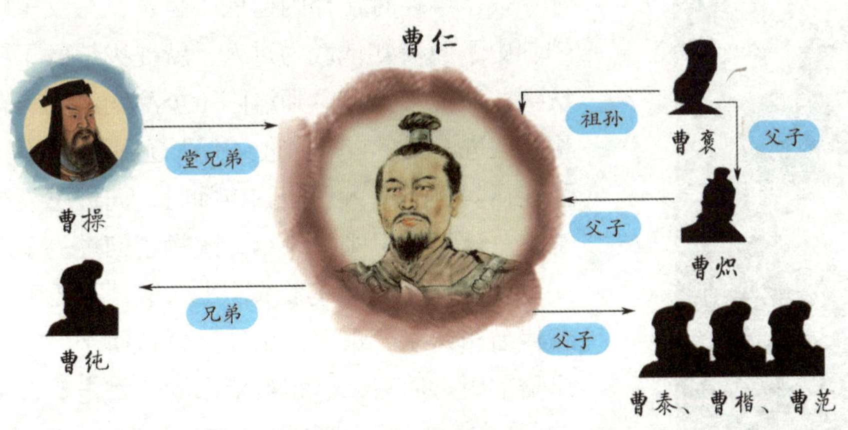

良臣择主　英雄用武

张辽

■名片春秋 |

张辽（169 ～ 222），字文远，雁门马邑（今山西朔州）人。三国时期曹魏著名将领。曾从属丁原、董卓、吕布，后归顺曹操。随曹操出征时，战功累累。

■风云往事 |

◇几番易主　年少为相◇

张辽年轻时在郡内担任小官员。东汉末年，并州刺史丁原得知他武力过人，就提拔他做了自己的从事，命他带兵入京师洛阳（今河南洛阳）辅助大将军何进诛灭宦官。何进又命张辽到河北招募兵马，张辽召集到千余人后回到京师时，何进已经被宦官杀害。这时董卓刚好入京，统领了何进的军队，张辽也就隶属于董卓的指挥。192 年，司徒王允和中郎将吕布诛杀了董卓，张辽又再从属于吕布，被升为骑都尉。后来，吕布被董卓的部将击败，逃往关东（今东北），张辽则随同吕布东奔。196 年，在徐州，吕布驱逐了盘踞于此的刘备，自领徐州牧，任张辽

▲ 演员邵兵演绎的张辽

为鲁国（今山东曲阜）相。

198 年，曹操打下下邳城，诛杀吕布、陈宫、高顺等人。张辽率部众归降曹操，被任命为中郎将，赐爵位关内侯，其后从征各地，屡立军功，迁任裨将军。

曹操从敌军中招纳张辽、张郃等猛将，不仅显示出其广阔胸襟，更为这些将才找到了最合适自己的政治舞台。

▲ 张辽画像

◇招降昌豨　征战北方◇

200 年，官渡之战爆发，曹操以少胜多大败袁绍。次年，曹操命张辽平定鲁国所辖的县城。张辽和夏侯渊围攻盘踞于东海郡（今山东郯城）的昌豨势力。昌豨是泰山郡地区的农民军首领，以前曾归附过吕布。几个月后，曹军粮食用尽，众将领商议撤军事宜。张辽说：“先不要撤兵。这几天，我巡视阵地的时候，发现昌豨经常注视着我，并且我还发现敌军发射的箭越来越少，估计这一定是昌豨心中犹豫，有投降的打算，所以不想再力战坚守了。我想和他会面对话，或者可以引导他投降。”于是派人告诉昌豨：“曹公有命令下来，叫张辽传话给你。”昌豨果然下城出来和张辽会面，张辽说：“曹公英明神武，正用恩德招纳四方英雄豪杰，率先归附的自然会得到重大的奖赏。”昌豨于是答应投降，张辽单身跟随昌豨上三公山，表示招降的诚意，他进到昌豨的家中，拜访他的妻子儿女。昌豨大喜，马上随同张辽晋见曹操。曹操安置

裨将军

最低一级将军名号。通常都由校尉或都尉升迁，裨将军通常都有权参与军中帐议，是在军事行动中辅助军中统帅的重要幕僚，三国均置。

昌豨回原地镇守后，就责备张辽说：“此非大将法也。”这是责备以孤身犯险，语气中含有关心的意味。张辽说：“以您名扬四海的威望和信用，我不过是奉旨行事，昌豨必定不敢加害于我。”但是昌豨后来又反叛，最终被于禁率军平定后诛杀了。

其后，张辽又随军征讨据守黎阳（今河南浚县），袁绍的两个儿子立有军功，被委任为“行中坚将军”。曹操率军进击邺城（今河北临漳）的袁尚，张辽亦随军参与。袁尚坚守邺城，曹军不能攻克，曹操即回军许都（今河南许昌），命张辽、乐进继续攻打阴安。二人攻克阴安后，将阴安居民迁徙到黄河以南居住。接着，曹操再次进攻邺城。攻陷邺城后，张辽另外率军扫荡赵国（今河北邯郸）等地，招降太

黑山军

东汉末年河北的农民起义军。黄巾起义军主力被镇压后，统治阶级发生内讧，在此期间，冀州黑山等地农民纷纷起义，用各种名号组织起来。他们各自为战，不相统属。由于分散作战，最后被袁绍、曹操等人各个击破，镇压下去，但他们对统治者的打击是沉重的。

▲ 张辽与关羽

行山附近的农民军和黑山军的孙轻势力。然后，张辽又率军攻灭袁谭，再次率兵打到渤海之滨，大败辽东豪帅柳毅等。张辽回师到达邺城时，曹操亲自出来迎接，带他上了自己的车辆一同回城，表示对张辽的器重。并委任他为荡寇将军，统领军队出击荆州刘表，张辽不负众望平定江夏郡（今武汉汉口）的几个县城，然后驻扎在临颍（今河南临颍），曹操因此加封他为都亭侯。

曹操为彻底消灭袁尚势力，打算远征乌桓，张辽曾劝谏他要提防荆州刘表乘机派刘备前来袭击许都，曹操分析后断定刘表不会重用刘备，于是挥军北上。在柳城（今辽宁朝阳东南）附近遭遇乌桓军队，张辽向曹操请战，意气激昂，曹操甚为赞赏，认为他勇气壮烈，就把自己指挥作战的旗帜交给他，由他任前锋指挥军队作战。张辽率军发起攻击，击败了乌桓军队，斩杀乌桓首领蹋顿单于。

▲ 安徽合肥逍遥津公园内张辽塑像

◇击败孙权　备受恩宠◇

215 年，孙权率领 10 万军队进攻合肥。张辽在夜里精选了 800 名壮士组成敢死队，准备明日杀敌。次日清早，张辽披好战甲，手持铁戟，领敢死队杀出城外，他一马当先，率先冲入吴军阵中，杀死数十人，击斩两名吴将。他一边高声大叫自己的名字，一边杀入敌营，一直冲杀到孙权的中军帅旗之下，孙权大惊，拨马就走，左右亲随也不知所措，随同孙权上了地势较高的土坡，护卫着他们的主公。张辽在下面斥喝孙权，叫他下来决战，孙权不敢答应。后来看见张辽的士卒不多，就下令将曹军团团围住，要将张辽他们困死在吴军阵中。张辽在重重包围中奋勇直前，神速攻击，带部下数十人突出重围。其余战士在吴军阵中大叫：“张将军不要我们了吗？”

征东将军

重号将军，四征将军之一。资深者，加为“征东大将军”。曹魏时，官位低于三公，统领青、兖、徐、扬四州，屯驻扬州。

张辽又回马冲入敌阵，将深陷敌阵的敢死战士解救出来。孙权的军士无法抵挡，纷纷退避不已。这场战役从清早一直持续到中午才结束，吴军士气大跌，只好重新修建工事，以防曹操大军来袭。合肥城中的守军军心由此得以稳定，众将官对张辽的神勇敬服不已，于是大家打起精神，更加积极备战。

孙权围攻了 10 多天后，无法攻克合肥城，只好退兵。当时他的部队已经开始撤退，孙权和众将领仍然逗留在逍遥津（今安徽合肥东）北岸，张辽在城楼上看到后，马上带领步骑兵出城袭击。事出仓促，孙权毫无防备，他的部将甘宁、吕蒙、凌统急忙死战抵挡，凌统身受重伤，孙权到河边发觉桥梁已被破坏，只好骑马飞跃过去，才逃脱一命。这就是《三国演义》中大家推崇备至的“张文远威震逍遥津”。

虎贲战士

贲同奔，意思是虹虎舞跑，像虎一样勇猛有力，专指守卫王宫、护卫君主的专职人员或军中骁勇善战的勇猛士兵。

曹操得知消息后，对张辽赞不绝口，加封他为征东将军。220 年春，曹操逝世，其子曹丕即位，加封张辽为前将军，赏赐他帛布千匹，粮谷万斛，并分封其兄长张汎、其子张虎为列侯。其后，曹丕命张辽驻军合肥，并晋爵为都乡侯。曹丕还赏赐给张辽母亲乘坐的车辆，并用军队将张辽的家属送到合肥，又下令张辽的母亲到达合肥时，合肥守将、官吏要一律出来迎接，站在道路两旁迎接，可见当时的张辽的确荣宠至极。

▲ 安徽合肥张辽墓园

曹丕称帝后，再封张辽为晋阳侯。221 年，张辽入朝觐见曹丕，曹丕命

他到建始殿会见，询问他当年威震逍遥津的情况，并命人建造府邸供张辽居住，还为其母修建殿堂，感谢她为国家养育了这么一位名将。曹丕又将当年随同张辽进击合肥城下吴军的敢死战士征用为虎贲战士，让他们负责保护皇城的工作。

骑都尉

官名。汉武帝始置。两汉均设置，掌监羽林骑，无定员。晋以后历代沿置，唐朝时相当于从五品。宋、金沿置。元从四品，明文官别为赞治少尹，清为世爵名。

222 年，孙权在东吴称帝。曹丕派遣前将军张辽坐船，会同征东大将军曹休一起到海陵，曹丕也到达长江北岸，准备征讨孙权。孙权得知情报，内心恐惧，下诏给诸将说："张辽虽病，但是也势不可挡，一定要郑重对待！"可见，当年张辽给孙权留下了很大的心理阴影。

然而，张辽的病情恶化，终于死于江都（今江苏扬州）。曹丕很伤心，赐谥号为"刚侯"。225 年，曹丕追念张辽、李典镇守合肥的功劳，特别下诏，以示褒奖。

■历史评价 |

张辽是为曹操立国创业的五良将之首（其余为徐晃、乐进、于禁和张郃），勇猛之名四海皆知。张辽善于在战场上捕捉战机：平定昌豨时，窥探到昌豨的犹豫不决，只身入三公山，可谓孤胆英雄；逍遥津一役，不仅能在吴军尚未完成合围时率八百敢死战士勇闯敌营，为曹军振奋士气，又能捕捉到敌人的疏忽之处，险些生擒孙权；平定军队的叛乱可以看出他临危不乱，很有智谋；征战乌桓，对付陈兰、梅成之流，再现其勇。虽然归附曹操之前曾先后随从丁原、何进、董卓、吕布，但张辽在曹操的领导下，可谓英雄有了用武之地。曹操死后，张辽所受到的待遇和恩宠稀世罕有，虽说这是曹丕的皇权制术，但是张辽也确实值得如此对待。

■大事坐标 |

169 年　出生。

192 年　从属于吕布，被升为骑都尉。

196 年　被吕布任命为鲁国相。

198 年　曹操攻破下邳城时，率部众归降曹操，被任命为中郎将，赐爵位关内侯，其后，从征各地，屡立军功，迁任裨将军。

201 年　平定鲁国所辖的县城。与夏侯渊围攻盘踞于东海郡的昌豨势力。

205 年　随曹操成功讨灭袁谭，攻下海滨，并击败辽东的贼兵柳毅等。还军到邺城，曹操亲自出城迎接，邀请张辽共乘一车以示荣耀，并任命张辽为荡寇将军。

209 年　强攻天柱山，斩杀陈兰、梅成二人，俘获全部敌兵。

215 年　率兵打败孙权军队的围攻，威震逍遥津。

220 年　被曹丕加封为前将军、晋阳侯。

222 年　病逝。

■关系图谱 |

忠勇制敌　义盖云天

关羽

■名片春秋 |

关羽（？～220），字云长，河东解（今山西运城，一说今山西临猗西南）人。约生于东汉桓帝延熹年间。东汉末将军。关羽最为特殊之处是由于其忠诚和勇武的形象，多次被后代帝王褒封，甚至被崇为“武圣”，与号为“文圣”的孔子齐名。

■风云往事 |

◇扬善除恶　少年正气◇

对于关羽的出身，民间有许多种说法。有的说，关羽是个打铁的，也有说是卖豆腐的，反正是出身于下层社会。据说关羽最初并不姓关，这其中还有一个故事。关羽 19 岁时从下冯村来到解州城，想求见郡守，陈述自己的报国之志。可是，郡守觉得他不过一出身卑微的平民，没有什么本领，拒不接见。当晚，他住在县城旅馆里，听到隔壁有人哭，一问才知这个哭的人叫韩守义，他的女儿被城里恶霸吕熊强占蹂躏。吕熊是个员外，勾结官宦，欺男霸女。当时，解州城由于靠近盐池，地下水是咸的，不能食用，只有几口甜水井散落在城里各处。吕熊叫手

▲ 关羽画像

▲ 关羽脸谱

下人将城里的甜水井都填了，只剩下他家院里的一口甜水井，而且这口井的水，只准年轻貌美的女人来挑，其他人不许进。进来的年轻女人，不是被他调戏，就是被他奸污。大家非常气恨，但因吕熊财大气粗，谁也奈何不得。韩守义的女儿被吕熊霸占后，老人叫天不应，呼地不灵，只好独自悲泣。关羽听罢，怒火中烧，提着宝剑闯进吕家，杀了吕熊和他一家，解救了姓韩的姑娘和其他良家妇女。之后，他连夜逃往他乡。途中路过潼关时遭到守关军官盘问，情急之中他手指关口说自己姓“关”，以后就再未改变。由此，也可看出，少年时代的关羽勇武有力、疾恶如仇，极具正气。

◇追随刘备　备受信任◇

关羽流落到涿郡（今河北涿州）后，正遇上东汉王朝动员各地豪强组织武装，共同镇压黄巾农民起义。关羽在这里结识了当地正在聚众起兵的刘备和张飞，三人志同道合，亲如兄弟。后世传说，刘、关、张三人曾在桃园结义。这就是有名的“桃园三结义”。《三国演义》里描述了他们的誓词：“虽然异姓，既结为兄弟，则同心协力，救困扶危；上报国家，下安黎庶，不求同年同月同日生，只愿同年同月同日死。”这虽是出自小说里的情节，但由于契合了动

▲ 桃园三结义

乱频繁的时代中下层百姓的心态，所以影响巨大。后世很多农民起义，都效法结义的形式，来巩固队伍，加强团结。就这样，三人组织了一支武装力量，参与了进攻黄巾军的行列。关羽也就从此开始了他的戎马生涯。从 184 年一直到死，关羽始终忠心耿耿地追随刘备。

在三人的任务分配中，刘备起兵，参与镇压黄巾起义，关羽、张飞担当他的护卫，是他得力的左右手。184 年，刘、关、张带着刚刚组织起来的兵马，首先投奔涿郡的校尉邹靖。黄巾军打到涿郡，他们配合官兵出动抵抗，首战告捷，立了大功。接着，他们离开涿郡，投奔正在广宗（今河北威县东）围攻黄巾首领张角的中郎将卢植。到广宗后，因卢植遭诬陷被押回京师，他们便决定返回涿郡。回来的路上，遇到黄巾军天公将军张角正在追击接替卢植职务的董卓。关羽和张飞带领一支人马，突然向黄巾军横杀过去，救了董卓。刘备后来投奔幽州军阀公孙瓒，因屡立战功，先后任平原令、平原相，关羽和张飞担任了别部司马，分统部曲。关羽和张飞终日侍立刘备左右，成为刘备的左膀右臂。

偏将军

系将军的辅佐，始设于春秋，通常由帝王拜授，也有大将军拜授的。在将军中的地位较低，多由校尉或裨将升迁，无定员。三国均置，属第五品。

◇冲锋陷阵　曹操赏识◇

200 年，车骑将军董承等企图刺杀曹操的计划泄露，董承、王服等人皆被屠灭三族，只有参与密谋的刘备侥幸逃脱。曹操亲自征讨刘备，刘备惊悉曹军将至，亲率数十骑出城观察，果然望见曹军旌旗，仓忙应战中不敌曹军，刘备妻子被俘。曹操接着攻陷下邳，迫降了关羽。刘备则逃到邺城（今河北临漳西南），投奔了袁绍。

曹操十分欣赏关羽，想要关羽归顺他，封其为偏将军，礼遇甚厚。不久却觉察关羽心神不定，无久留之意，便对与关羽关系甚好的张辽说："你去试探一下关羽。"张辽去问关羽，关羽叹息道："我知

冀州牧

冀州的最高官员。古代以九州之长为"牧"，"牧"是管理人民之意。汉武帝时设十三州部，每部设一刺史。汉成帝时，改刺史为州牧。

千里走单骑

《三国演义》中的故事情节之一。主要讲述关羽、刘备下邳失散，关羽身陷曹营。刘备去投袁绍。关羽得知刘备下落，单人匹马保护二皇嫂千里寻兄。在五关当中分别受到了孔秀、韩福、孟坦、卞喜、王植、秦琪的阻拦。关羽过五关斩六将，最后在古城与刘备相会。

道曹操待我不错，但是我已经与刘备结拜为兄弟，誓死为刘备效忠，不会有二心。”张辽将关羽的这番话转告曹操，曹操听后，不但没有怨恨关羽，反而认为他有仁有义，更加器重他。

同年二月，冀州牧袁绍调动 10 多万人马进军黎阳（今河南滑县东北），讨伐曹操。并派大将颜良围攻白马，以保障主力渡河南进。东郡太守刘延请求援助。曹操趁机引兵向白马进发，及距白马 10 余里时，颜良大为震惊，仓促迎战。曹操派张辽、关羽为先锋，率部进击。关羽跃马阵前，远远望见颜良的麾盖（大将所乘戎车，设幢麾、张盖），直冲过去，在万众之中，斩颜良首级而归，袁绍诸将没有一个能够抵挡。曹操挥令大军冲杀，袁军大败溃散，于是解了白马之围。

解白马之围后，曹操更加欣赏关羽，对他重加赏赐，封他为汉寿亭侯（汉寿，地名；亭侯，侯爵名）。关羽把曹操屡次给他的赏赐都封存妥当，把汉寿亭侯的印绶挂在堂上，给曹操写了封告辞信，保护着刘备的家小，离开曹营，前去寻找刘备。曹操将士闻后，要去追赶，曹操劝阻说："关羽誓效刘备，心已有主，不用追了。"民间把这一段故事叫作"千里走单骑"。

◇水淹七军　威震华夏◇

219 年，刘备在汉中大败曹军，杀其名将夏侯渊，曹操不得不退出汉中。在手下文武官员的拥戴下，刘备自立为汉中王，任命关羽为前将军，并赐他节、钺。同年六月，刘备攻下汉中，派孟达、刘封攻占汉中郡东部的房陵、上庸等地，势力进一步扩大。七月，孙权欲攻合肥，魏军大部调动淮南防备吴军。镇守荆州的关羽抓住战机，留南郡（治江陵，今湖北江陵）太守糜芳守江陵，将军傅士仁守公安（今湖北公安西北），自率主力北攻荆襄。

襄阳、樊城在汉水两侧，互成犄角，是曹军抗拒南军北上的战略要地。当时，魏国的镇南将军曹仁驻守樊城，将军吕常驻襄阳。曹操从汉中撤军到长安后，又派平寇将军徐晃率军支援曹仁，屯于宛城（今河南南阳）。樊城之战开始后，曹操又派左将军于禁、立义将军庞德前往助守，屯驻于樊城以北。

▲ 关羽樊城会战“水淹七军”

于禁对于南方的气候地理不熟悉。曹仁让他和庞德屯兵于樊城以北，和城中相互呼应，他竟未考虑该处地势低下的因素，便把所率领的七支人马都驻扎在那里。八月，连降大雨，汉水暴涨，平地水深数丈。于禁七军均被水淹，只得率少数将士避到高处。关羽抓住有利时机乘战船猛攻，于禁欲退无路，被迫投降。庞德率部继续顽抗，从早晨一直战到中午，箭尽矢竭，而后便是短兵相接。将士有的战死，有的投降。关羽加强了攻势，同时，水势上涨更猛，淹没土堤，曹操部队全都投降。庞德想乘船撤回曹仁大营，但水势太大，船只倾覆，被抓后英勇就义。当时曹操治郡下许多义军早已受关羽遥控，更有许多叛军想将关羽引进来，吓得曹操差点迁都以躲避关羽的锋芒。这段历史被称为“水淹七军”。

吕蒙（179~220），三国时期东吴名将。曾经乘蜀汉名将关羽北伐曹魏、荆州空虚之时，偷袭荆州成功，使东吴国土面积大增。

◇英雄末路　败走麦城◇

曹操欲迁都避关羽锋芒，后被司马懿、蒋济等人劝阻，他们认为孙权必然不愿看到关羽得志，可以将江南封给孙权为条件让他从背后出兵攻击关羽。于是，曹操派遣徐晃、张辽等将，以及兖州刺史裴潜、豫州刺史吕贡等率军救援樊城。同时，自己也准备亲征关羽。而孙权命吕蒙为主帅偷袭荆州，并亲自率军为后援。荆州重镇江陵守将糜芳（刘备的小舅子）、公安守将傅士仁因与关羽有嫌隙，不战而降，吕蒙不费吹灰之力就攻陷荆州各郡。

救援樊城的徐晃开始时惧怕关羽，认为自己与之实力相差甚远。之后曹操又先后派遣徐商、吕建等将领以及殷署、朱盖等十二营兵马增援徐晃，最终徐晃出战击败了围困樊城的关羽军队。此时关羽听说后方发生了变动，于是南撤，但水军仍然控制汉水。关羽军队的家属多在江陵（南郡治所）。关羽得知江陵失陷于孙权，士卒渐渐溃散，退至麦城。220年初，关羽率数十骑出逃，一路突围至距益州不过一二十里的临沮（今湖北南漳），遇潘璋部将马忠的埋伏，被擒。后和儿子关平被害。关羽性格高傲导致了在樊城全军覆没，大意失荆州，最终导致孙刘联盟瓦解，教训惨痛。

◇身死之后　千古推崇◇

孙权将关羽首级送给曹操。曹操以诸侯之礼将其在关林安葬。不过现代有观点认为河南偃师关庄村关羽墓才是埋葬关羽头颅之处，关林只是明朝万历年间建的祀祠场所。同时孙权将关羽身躯以诸侯礼安葬于当阳关陵，也称“当阳大王冢”。蜀汉政权则在成都为关羽建衣冠冢，即成都关羽墓，以招魂祭祀。而关羽故乡山西运城解州后来则建立了关帝庙，是为解州关帝庙，被认

▲ 湖北当阳关羽墓陵

为是关羽魂魄归返之处。因此民间也称关羽“头枕洛阳，身卧当阳，魂归故里（或称‘魂归山西’）”。孙权背盟偷袭和关羽被杀也象征着孙刘联盟的彻底破裂。221年，刘备以为关羽报仇之名东征东吴，曾专程到大王冢祭拜关羽，并在玉泉山建关羽祠。之后蜀汉军队在夷陵之战中输给陆逊率领的孙权军，蜀汉从此彻底失去对于荆州的控制权。

260年九月，蜀汉后主刘禅在追谥几位重要大臣时，追谥关羽为“壮缪侯”。

▲ 关羽刮骨疗毒图

■历史评价

关羽英勇无双，忠心不二，勇猛善战；好读《左氏春秋》，能诵读如流。投降曹营时，虽受尽礼遇，但仍心向刘备。他为人坚毅，也善待士卒。

关羽也有弱点，他刚强高傲，且缺乏处事的谨慎周详。在樊城一战中，他不顾利害，致使自己两面受敌，战败被杀。可是千百年之后关羽仍被中国人奉为战神，民间崇拜的不仅是他的指挥若定，还有他的道德力量。关羽最令人崇敬之处就是他的重情重义。在国内所有的关庙建筑中，至今保存较为完好的有多处，如山西关羽故里常平关帝庙、河南洛阳关林、湖北当阳关陵、荆州关帝庙、河南许昌霸陵桥关帝庙等。规模最大、气势最为宏伟的当属位于关羽的故里——山西省运城市解州城西的关帝庙了。庙内楼台殿阁共达300余间，为游览胜地之一，堪称天下第一关庙。

▲ 成都武侯祠内关羽塑像

除了中华大地，在日本、东南亚一些国家以

及海外华侨中对关羽的膜拜之风也历久不衰。

■大事坐标 |

184 年　与刘备、张飞一同结为异姓兄弟。
196 年　被袁术、吕布夹攻，丢失徐州，跟随刘备一起投奔曹操。
198 年　与曹操共擒吕布于下邳，夺得徐州。
200 年　曹操进攻刘备，关羽战败被生擒，不得已投降，曹操待以厚礼，任命为偏将军。后不为权财所动，设法回到刘备队伍。
211 年　刘备带兵入巴蜀，取益州，关羽留守荆州。
219 年　带兵击败曹操的部将于禁和庞德，水淹七军。
在荆州一战中不幸失利，败走麦城。
220 年　被杀害。

■关系图谱 |

熊虎将才　勇冠三军

张飞

■名片春秋 I

张飞（？ ~221），字翼德，涿郡（今河北涿州）人，三国时期蜀汉重要将领。官至车骑将军，封西乡侯。在中国传统文化中，张飞以勇猛、鲁莽、疾恶如仇而著称，虽然此形象主要来源于小说和戏剧等民间艺术，但已深入人心。后被追谥为“桓侯”。

■风云往事 I

◇追随刘备　别无二心◇

184年，张飞与关羽在涿郡跟随刘备起兵，后不论平安还是危险，都一直忠心跟从。关羽年龄比张飞大几岁，张飞视之如兄。刘备先后任平原令、平原相，关羽、张飞皆为别部司马，分统部曲。194年，刘备领徐州牧，以张飞为司马。196年，左将军袁术不满刘备据有徐州，自淮南来攻，两军在盱眙、淮阴相持，张飞留守下邳。下邳相曹豹与张飞不和，勾结当时正寄寓在徐州的奋武将军吕布袭取下邳。张飞杀曹豹，引起丹杨兵叛变，中郎将许耽开门

司马

古代职官名称。殷商时代始置，位次三公，与六卿相当，与司徒、司空、司士、司寇并称五官，掌军政和军赋。春秋、战国沿置。汉武帝时置大司马，作为大将军的加号，东汉单独设置。隋唐以后为兵部尚书的别称。

▲ 张飞脸谱

引吕布军队入城。刘备将士在前方听说家属被俘，全无战心，不得已投降吕布。吕布将刘备安置在小沛，而刘备兵力逐渐恢复到万余人，引起吕布警觉，于是再次进攻刘备，刘备向西投奔曹操。曹操表荐刘备为豫州牧，让他继续在小沛牵制吕布。198 年，曹操东征，消灭吕布，推荐刘备为左将军，关羽、张飞为中郎将。

◇长坂一战　彪悍雄勇◇

208 年，曹操南征。在当阳长坂坡追上刘备，刘备和诸葛亮、张飞、赵云等数十骑逃亡。张飞奉命率 20 骑断后，赵云则保护甘夫人和阿斗慢行。张飞据水断桥，瞋目横矛，大叫："我就是张翼德了，你们可以过来决一死战！"追兵被他的气势震慑，竟无人敢上前，刘备等人得以顺利撤退至汉津，与关羽船队会合，然后抵达夏口，会合刘表长子江夏太守刘琦。刘备以诸葛亮为使，联合割据江东的讨虏将军孙权，在赤壁之战中击败曹操。曹操留征南将军曹仁、横野将军徐晃于江陵，使折冲将军乐进守襄阳，然后北还。赤壁之战中，刘备、关羽、张飞的战斗力给讨虏将军、左都督周瑜留下了深刻印象，他在之后给孙权的上书中称，"刘备以枭雄之姿，而有关羽、张飞熊虎之将"。然而早在赤壁之战前，曹操的谋士奋武将军程昱就已经盛称，"刘备有英名，关羽、张飞皆万人敌也"。

都督

古代军事长官。兴于三国。曾为地方军事长官，明以后成为中央军事长官。一直到民国时都在沿用，尽管只是沿用名称而已。曹魏另有大都督的职位，位列第一品，属加官。

◇夺取荆益　东征遇害◇

赤壁之战后，刘备南征武陵、长沙、零陵、桂阳，四郡皆降。由于周瑜围困江陵，而关羽又断绝北道，曹仁、徐晃放弃江陵突围。刘备于是封拜元勋，以关羽为荡寇将军、襄阳太守，张飞任征虏将军、宜都太守并封新亭侯，诸葛亮任军师中郎将，

赵云任牙门将军。210年，周瑜病死，为减轻军事压力，孙权采纳赞军校尉鲁肃的建议，将江陵转让给刘备，张飞转任南郡太守。211年，刘备受益州牧刘璋之邀入蜀，帮其消灭割据汉中的镇民中郎将领汉宁太守张鲁。刘备派诸葛亮、张飞等夹攻益州。张飞溯流西上，所向披靡，在江州将巴郡太守严颜活捉。张飞随后从垫江西上，与刘璋帐下司马张裔战于德阳，张裔败退，张飞追至成都，与刘备会合。214年，刘璋投降，益州平定。刘备赐诸葛亮、法正、关羽、张飞每人黄金500斤、银千斤、钱5 000万、锦缎千匹。

215年，孙权向刘备索要荆州的长沙、零陵、桂阳三郡，刘备不给，孙权便自行委任官吏，遭关

赞军校尉

武官名。位在将军下。三国时校尉名号甚多，职责亦不同。赞军校尉为东吴所设置，其职位相当于现在的总参谋长。

▲ 张飞画像

法正（176~220），三国时期刘备手下谋士。初为刘璋部下，刘备入蜀时归于刘备帐下，屡献奇策，深受刘备信任和敬重。219 年，刘备进位汉中王后，封法正为尚书令、护军将军。次年，法正去世，终年 45 岁。法正之死，令刘备十分感伤，连哭数日。被追谥为翼侯，是刘备时代唯一一位有谥号的大臣，由此也可见法正地位之高，甚至盖过了关羽、张飞等人。法正善于奇谋，被陈寿称赞为可比魏国的程昱和郭嘉。

羽全部驱逐。孙权大怒，于是派庐江太守、偏将军吕蒙督 2 万人攻取三郡，使汉昌太守、横江将军鲁肃率万人在巴丘牵制关羽，自己则在陆口调度诸军。刘备率 5 万人到公安，派关羽将 3 万兵至益阳。孙、刘两军大战还没开始，魏公曹操已经攻占汉中，张鲁南逃巴中。刘备急忙与孙权议和，转让长沙、桂阳，孙权返还零陵。刘备回到江州，派护军、偏将军黄权率兵救援张鲁，而张鲁已经投降曹操。曹操北还，留征西将军夏侯渊、平狄将军张郃守汉中，张郃则不断从巴西郡掳掠百姓，强迫他们迁徙到汉中。刘备于是以张飞领巴西太守，命其进兵宕渠，击退张郃。两军对峙，张飞率精兵万余人从小道进攻张郃，山道狭窄，张郃军首尾不能相救。张郃大败，仅带 10 余人弃马爬山逃回汉中。

217 年，刘备进攻汉中，分遣张飞、平西将军马超、吴兰等攻取武都。曹操遣都护将军曹洪救援。张飞放出狠话说要截断曹洪后路，骑都尉曹休指出此是疑兵之计，劝说曹洪立即进攻吴兰。曹洪将吴兰打败，张飞、马超退回汉。

▲ 四川阆中张飞雕像

219 年，刘备在定军山与夏侯渊对峙。黄忠在阵中斩杀夏侯渊。曹操率兵自长安来援，刘备拒不出战，曹操将士逃亡日益增多，不得不放弃汉中。刘备随即在汉中、自称大司马、汉中王，任命关羽为前将军，马超为左将军，张飞为右将军，黄忠为后将军，法正为护军将军。

221 年，刘备称帝，改元章武。任命张飞为车骑将军，领司隶校尉，进封西乡侯。不久，刘备出兵东征吴王孙权，命张飞率万人自阆中至江州会合。还没等到出发，张飞就被帐下将领张达、范强杀害，两人带其首级东奔孙权。车骑将军都督立即将此事报告给刘备，刘备听说是张飞营都督上表，就猜到张飞已经死了，叹息说："唉！张飞死了。"

260 年，张飞被追谥为"桓侯"。1340 年，元顺帝加封张飞为"武义忠显英烈灵惠助顺王"。

▲ 张飞《立马铭》

■历史评价 |

张飞在民间有着深远的影响，是百姓广泛喜爱的名将之一。张飞以勇著称，这一点为所有的历史学家所认可。当年长坂坡他喝退曹操万千兵马，历史上也确有记载。陈寿的《三国志》记载了他俘获严颜，并大义凛然地释放严颜的过程。此外，还有他打败曹军名将张郃的经过，说他"雄壮、威猛，亚于关羽"。

在一般人心中，张飞只是一员武将，但是根据有关资料，张飞还是一位书法家。今人柳博庆在《正楷书法家的简历和逸闻》中说："我国书法家并不限于文人，武将亦不少，如张飞、岳飞等。"可惜有关张飞文才方面的记载少之又少。陕西岐山现存一通碑刻——《立马铭》，青石质，宽 167 厘米，高 38 厘米，正文隶书。其文曰："汉将军飞，率精卒万人，大破贼首张郃于八蒙。立马勒铭。"由此可见，张飞并非只会纵马舞矛。阆中地方志引有关碑目记载，阆中曾存有张桓侯书石碑，可惜湮灭于历史的尘埃，今人无缘见到。

■大事坐标 |

184 年　随刘备起兵，参与镇压黄巾军。
194 年　刘备领徐州牧，为司马。
198 年　曹操东征，消灭吕布，荐为中郎将。
208 年　长坂坡一战中，击退追兵，刘备等人得以顺利撤退。
211 年　率军队推进至成都，与刘备会合。
218 年　率兵攻占益州，打败曹操的军队。随即参与攻打汉中的战事。
219 年　刘备据有汉中，称汉中王，拜为右将军。
221 年　刘备称帝，被封为车骑将军，领司隶校尉，进封西乡侯。同年六月，刘备为夺回荆州，东征东吴，张飞在阆中准备出兵会师江州。临近出发时，被其麾下将领张达、范强谋杀。

■关系图谱 |

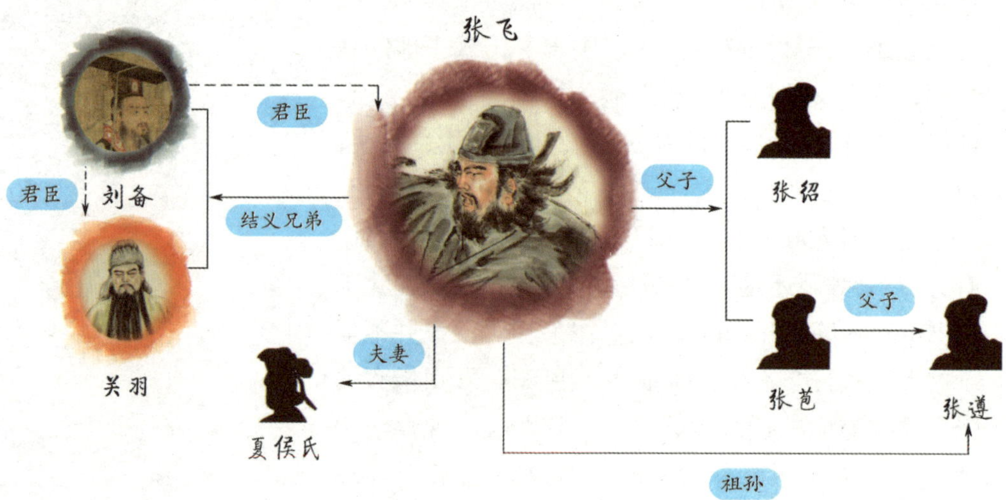

足智多谋　蜀国名相

诸葛亮

■名片春秋 |

诸葛亮（181 ~ 234），字孔明，琅琊阳都（今山东沂南）人。三国时期蜀汉重要大臣，中国历史上著名的政治家、军事家、散文家，中国传统文化中忠臣与智者的代表人物之一。诸葛亮在世时为蜀汉丞相，后被封为武乡侯，死后谥为忠武侯，所以被称为武侯、诸葛武侯。此外，其早年外也号称卧龙或伏龙。诸葛亮代表作有《前出师表》《后出师表》《诫子书》等，曾发明木牛流马、孔明灯等。诸葛亮在后世受到极大的尊崇，成为后世忠臣楷模，智慧化身。成都有武侯祠，杜甫作千古名篇《蜀相》盛赞诸葛亮。

■风云往事 |

◇躬耕南阳　隆中对策◇

诸葛亮出身于门第不高的官僚地主家庭。诸葛亮的父亲曾任职泰山郡郡丞。郡丞是协助郡太守掌管行政司法的官员，地位并不高，所以说诸葛亮并非名门望族出身。

诸葛亮有三个兄弟、两个姐姐。在兄弟中排行第二。他的母亲在他小时候就病故了，大约 8 岁时，

▲ 诸葛亮像

父亲又去世了。从此诸葛亮一家就依靠叔父诸葛玄生活。

叔父死后，诸葛亮带着弟弟搬到离襄阳城西有20里的隆中村住下来。那里山清水秀，风景幽雅，诸葛亮在此盖了几间草房，与弟弟在这里一边读书，一边下田劳动，过着自给自足的生活。诸葛亮在这里一共住了10年(197~207)，这是他一生中非常有意义的时期。

▲ 古隆中牌坊

襄阳当地有一个很有名望的人叫庞德公，诸葛亮的姐姐就嫁给了他儿子。庞德公的朋友司马徽、侄子庞统，都是当地的名士，正因如此，诸葛亮同他们交往甚密。诸葛亮经常登门向这些人请教学问，研讨国家大事。庞德公知人善任，当时割据荆州的刘表，几次想请他出来做官，他都谢绝了。因为在他看来，刘表难成大器。他对诸葛亮的才能和抱负却很敬佩，所以给他起了个外号叫“卧龙”，暗示他今后必成大器。

庞德公的侄子庞统曾游江东。他在割据江东的孙权的助手鲁肃处，见到了诸葛亮的哥哥诸葛瑾。回荆州的时候，诸葛瑾托他给诸葛亮捎回一封家书。诸葛亮见信后，才知道哥哥早已离开山东老家，到江东避乱，并且为孙权效力。现在知道了哥哥的下落，诸葛亮心里也就踏实了。

庞统（179~214），三国时期刘备的重要谋士，才智与诸葛亮齐名，官拜军师中郎将。在进围雒县时，率众攻城，不幸被流矢所中而亡，时年36岁，英年早逝。刘备悲痛万分，追赐庞统为关内侯，谥号靖侯，亲自为其挑选墓地，后来庞统所葬之处遂名曰落凤坡。

在隆中隐居的诸葛亮，读了很多的书，尤其是历史上兴衰成败方面的典籍。他常常结合当时的政治实际，与周围的朋友们探讨治国平天下的道理。由于他的见解深刻而又现实，常常得到朋友们的赞赏。不久他就形成了一套比较完整的政治见解体系，在当地的声誉也越来越高。在他周围逐渐聚拢了众多志同道合的朋友，这也为他日后施展才能打好了基础。

刘备是一个有政治抱负的人。他到了荆州之后，就四处打听有识之士，想网罗一批有远见卓识的谋

士，作为自己争夺天下的助手。他听说司马徽是当地的名士，就去向他请教。司马徽表示自己虽不能出山，但可以推荐两个人，一个是诸葛亮，另一个是庞统。他认为这两个人是识时务的俊杰。后来徐庶拜访刘备时，因为庞统已到江东投靠孙权，所以徐庶向刘备推荐了诸葛亮。刘备知道徐庶是诸葛亮的好友，就想请他去把诸葛亮请来。但徐庶对他说，诸葛亮这个人很傲，自恃比古代的管仲、乐毅还高。你亲自屈尊去请他，还未必能成功，让我代你去请诸葛亮，他绝不会来的。

刘备听司马徽、徐庶都推荐诸葛亮，觉得诸葛亮确实是个了不起的人才，这正是自己梦寐以求的良辅。于是决定亲自到隆中拜访诸葛亮。但第一次和第二次都正巧诸葛亮不在家。第三次去才见到了诸葛亮，这就是历史上被人们传为美谈的“三顾茅庐”。

当时刘备已经 47 岁，是一个久经沙场的老将了，而诸葛亮却是一个年仅 27 岁的未经世面的书生。诸葛亮被刘备真心向自己求教的心意所感动，因而认真细致地向刘备分析了当时天下的形势，并向刘备提出了所应采取的对策，二人相谈甚欢。这就是有名的“隆中对”。

诸葛亮对天下形势的分析是非常深刻和有远见的，后来的形势发展大体都与诸葛亮的估计相吻合。这说明他虽然身居隆中，却时刻在关心着国家形势的发展，并随时准备投入到治国实践中，实现自己的政治抱负。刘备对他的分析佩服之至，因而对诸葛亮非常敬佩，觉得这正是自己一直在找的理想助手。刘备请诸葛亮出山，帮助自己去实现这一政治理想，诸葛亮见刘备待人诚恳，为人正直，很尊重自己的意见，因而就接受了他的邀请，与刘备一起下山到了新野。

诸葛亮到了刘备的军中，发现他只有几千士兵，如何能抵挡住曹操的进攻呢？当务之急是扩充军队。诸葛

《隆中对》

原名《草庐对》，是诸葛亮与刘备初次会面的谈话内容。文中诸葛亮为刘备分析了天下形势，提出先取荆州为根据地，再取益州成鼎足之势，继而图取中原的战略构想等。

▲“三顾茅庐”雕塑

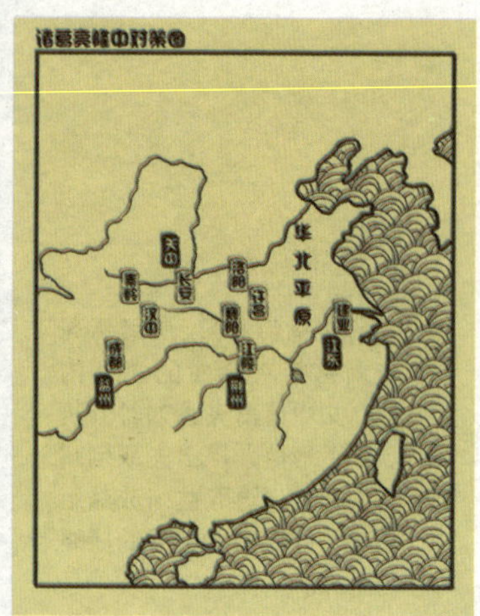

▲ 诸葛亮隆中对策图

亮了解到，荆州当时有不少没有户籍的“游户”，他们没有被控制在国家手中，而成为地主豪强的依附人口。诸葛亮建议下令让这些“游户”限期申报户籍，从中抽取一批兵员，结果刘备的军队很快就扩大到数万人。

◇火烧赤壁　联吴抗曹◇

刘表有两个儿子刘琦和刘琮，刘琮深得刘表喜欢，而刘琦却不受待见，任江夏（今湖北云梦）太守。刘表不久死去，刘琮掌权。这时曹操带大兵南下进攻荆州，刘琮惧怕曹军，因此没和刘备商量，就派人向曹操表示投降。当刘备得知消息后，已来不及组织抵抗，只得仓促向江陵（今湖北江陵）撤退。荆州一些不愿投降的百姓，也跟着刘备的军队撤退，由于人多，再加上几千辆辎重，行动很缓慢。

因为江陵囤积有不少军械粮草，且又是军事要地，如果被刘备占领会对曹操很不利，所以曹操亲自带领 5 000 名精兵，日夜兼程追赶刘备。曹操的骑兵在长坂（今湖北当阳东北）冲散了刘备撤退的军队，刘备和诸葛亮带着几十名部下逃走。这时去江陵的路已被曹操切断，刘备只得改道汉津（今湖北汉水渡口），和赶来接应的关羽水军会合。这时刘琦也率领了 1 万多人从江夏赶来接应，于是他们汇合一处，退守夏口（今湖北武汉）。

占据江东的孙权，听说刘表病死，就派自己的主要谋士鲁肃去荆州，借吊丧为名以探听虚实，并游说刘备共同抗曹。鲁肃建议刘备与孙权结为联盟以抗曹。鲁肃的建议与诸葛亮在隆中的预测不谋而合。鲁肃和诸葛亮的政治见解相同，而且诸葛亮又听说鲁肃是他哥哥诸葛瑾的好朋友，所以两人一见如故，谈得很投机，很快就成了知己。

夏口在长江北岸，曹操军队对它的威胁大，且与孙权的联系也不方便，刘备就接受鲁肃的建议，改驻江南鄂县之樊口（今湖北鄂城）。诸葛亮认为形势危急，逐向刘备建议马上让他跟着鲁肃去见孙权，

刘表（142~208），东汉末年名士，论血缘，他属于汉家皇室一族。刘备是中山靖王刘胜之后，刘表是正宗的皇亲。他姿貌温厚伟壮，但个性懦弱且优柔寡断，是东汉末期的一个割据诸侯。其先祖是西汉鲁恭王刘余。获封官衔荆州刺史、领镇南将军、封爵成武侯。

商讨联军抗曹的事。刘备答应了。

诸葛亮和鲁肃一同到了柴桑（今江西九江）会见孙权。诸葛亮知道孙权目前正犹豫不决，还没有真正下定决心抗曹，就对孙权采取了激将法，并不停地劝说。孙权在诸葛亮的说服下，坚定了反曹的决心。于是，孙权任命周瑜、程普为左右都督，鲁肃为参军校尉，发精兵两万，与诸葛亮一道去樊口，和刘备的军队会师，准备迎击曹操。这时曹操的先头部队已到了赤壁，因为军中发生疫病，所以与孙、刘的联军接触后，就退到长江北岸的乌林，与主力军相会合。这时在赤壁一带形成了吴蜀联军与曹军对峙的格局。

▲ 诸葛亮借东风火攻曹营

曹操的军队不习惯水战，他们受不了船上的风浪颠簸，所以就有人建议用铁索把战舰的头尾连接起来，这样就平稳多了。周瑜的部将黄盖发现曹操的水军用铁索都连在一起，完全失去了战舰的机动性，就根据这个弱点，建议用火烧战船的方法消灭曹操的水军。周瑜、诸葛亮与黄盖密谋，由黄盖向曹操诈降，然后二人暗中约定了投降的时间和信号，由黄盖带着 10 艘内部装满了干柴、油液和硫黄的船，外用布幔遮盖，插上旗号，船后拴上轻便的小船，以备大船起火后人员的转移。船过江心后，就扯起风帆，借着东南风，直向曹操的水军处进发。曹操的将士看见这些船，都认为是投降的船来了，挤在船头看热闹，丝毫没有防备。当船队驶至离曹军还有 2 里的时候，

借东风

《三国演义》中描写的一个故事。正史上诸葛亮并没有参与赤壁之战，也并没有呼风唤雨之能，指挥赤壁之战的人是周瑜，东风是长江上的一种自然现象，长期在当地操练水军的周瑜和黄盖对什么时候起东风非常清楚，他们聪明地抓住了这一战机打败了曹军，此外周瑜心胸也非常宽广，与演义描写不同。不过《三国演义》本属小说，此段诸葛亮神坛作法借东风一事，为作者编撰以丰满其神机妙算的人物形象。

▲ 诸葛亮雕像

10 艘大船突然起火，火烈风猛，直向曹操的水军冲去。曹操的战船被燃起火，而船又都连在一起，一时拆不开，结果一会儿就烈焰腾空，曹操的水军都陷入火海之中，火势很快又蔓延到陆地上的军营。这时早已准备好的孙权和刘备的联军，趁火势急攻曹军，结果曹操的 20 万大军一片混乱，不战自溃，烧死、淹死的不计其数。在孙、刘大军的追击下，曹操自己也只带领了少数人马，从陆路经华容道（今湖北监利东北）逃向江陵。曹操损失惨重，无力再战，只得留下部将曹仁据守江陵、襄阳，自己率领残兵败将退回了北方。这就是历史上著名的赤壁之战。

赤壁之战是诸葛亮联合孙权抗击曹操战略方针的胜利，它奠定了以后三国鼎立的基础。曹操回到北方以后，积极经营北方，使北方进一步得到了统一。孙权在江东的政权更巩固了，刘备则在荆州站住了脚跟。诸葛亮在刘备初败之际，力促孙、刘联盟的实现，并使刘备转危为安，建立了发展自己势力的基地，这充分反映了他杰出的政治和军事才干。

◇出谋划策　开创基业◇

赤壁之战后，刘备在诸葛亮的协助下，趁机扩张自己的势力。刘备带兵占领了荆州南部的武陵、长沙、桂阳、零陵四郡，任命诸葛亮为军师中郎将，治理长沙、桂阳、零陵三郡。以三郡的人力和物力，扩充了自己的兵力，充实了军饷。这时周瑜也击败了曹操的部将曹仁，占据了江陵。

为了加强孙权和刘备的联盟，在鲁肃的建议下，孙权还把自己已占据的江北南郡，转借给刘备，这就是所谓的“借荆州”。同时，孙权还把他的妹妹嫁给刘备，双方联姻，以求稳固联盟。

占领汉中以后，刘备的势力发展到高峰。这时他手下的文臣武将 120 人，联名拥立刘备为汉中王。

中郎将

官名。秦置中郎，至西汉分五官、左、右三中郎署，各置中郎将以统领皇帝的侍卫。东汉以后，中郎将的名号被各割据势力广泛加于武官，不再限于禁卫统领等职，成了一个大致介于将军和校尉之间的阶层，其职位、品秩、权力差异很大，统兵将领亦多用此名。

刘备加冕汉中王的仪式在沔阳（今陕西勉县）举行。他当了汉中王以后，立刘禅为王太子，并任命诸葛亮为军师，总理军国大事，实际上就是丞相的权位。

刘备占领益州后，孙权就派诸葛亮的哥哥诸葛瑾去见刘备，要求刘备归还借去的荆州，刘备借口说还准备攻取凉州，当然不愿归还。孙权对刘备不归还荆州不满，就派官吏去接管长沙、零陵、桂阳三郡，被刘备的守将关羽赶走。孙权大怒，就派大将吕蒙带兵 2 万，要用武力去占领三郡，双方的关系一度陷入僵局，眼看孙、刘联盟就要破裂。正在这个时候，刘备听说曹操进攻汉中，就主动对孙权让步求和，双方以湘水为界，平分了荆州。后来荆州被孙权从刘备手中全部夺回，关羽也因此被孙权所杀。

▲ 白帝城刘备托孤

曹操病死后，曹丕废汉献帝，改国号为魏，自称魏文帝。刘备听说汉献帝被废，自己作为皇室的后裔，理应继承汉朝的正统，于是他于 221 年称帝，国号仍为汉，史称蜀汉。刘备当皇帝以后的第一件事，就是替关羽报仇，夺回荆州。

刘备亲率大军东征孙权，破坏了诸葛亮一心建立的孙刘联盟。但最后刘备的军队被东吴的大将陆逊打败，刘备只能与孙权再次议和。

▲ 诸葛亮身份的标志性物件——羽毛扇

刘备退到白帝城后，心情郁闷，一病不起。他感觉自己命不久矣，就派人把诸葛亮召到白帝城，向他托付后事。他在病榻前对诸葛亮说："你的才能比曹丕高出十倍，一定能够把国家治理好。我的儿子刘禅，你如果认为可以辅助，就辅助他；如果不值得辅助，就废掉他自己当皇帝。"诸葛亮听了刘备的话，很感动，他流着眼泪向刘备保证说："请你放心，我一定竭尽全力，辅助太子到死。"

刘备死前还给太子刘禅留下一封遗书，他在遗书中回顾说，人活到 50 岁就不算短命，我现在已经活到 60 多岁，死了也没有什么遗憾。只是心里还是放心不下你。你一定要努力，不可懈怠。凡做一件事，决不可因为小恶而去做，更不要因为小善而不去做。唯有事事贤德，才能使人心服。我没有什么值得你效法的，你要多读书，可以从中得到启发。你和丞相诸葛亮相处，要像尊重我那样尊重他。

◇托孤重任　殚精竭虑◇

不久，刘备在白帝城去世。诸葛亮把刘备的灵柩护送回成都后，就辅佐17岁的刘禅即位。刘禅封诸葛亮为武乡侯、丞相兼益州牧，从此诸葛亮就担负起了辅佐刘禅治蜀的重任。

在诸葛亮受托辅政的时候，蜀汉内外交困。刘备东征孙权失败以后，不但军事力量被大大削弱，而且内部的政局也很不稳定，一些地方豪强，乘机叛乱试图造反。曹魏和孙吴都想乘机消灭蜀汉。所以诸葛亮当时的担子是很重的。

诸葛亮辅政的第一件事就是改善已经受到严重破坏的孙刘联盟。他深知如果孙权被曹丕压服，投靠了曹魏，那么蜀汉也早晚灭亡。所以他在办完刘备的丧事，奉刘禅即位以后，马上派尚书邓芝为中郎将出使东吴，开展了重建孙刘联盟的外交活动，恢复了吴蜀联盟。从此双方派的使臣往来不断，加强了彼此间的了解和联系，诸葛亮减轻了东顾之忧，转而一心整顿内政。

蜀汉的南方，在今四川南部和云南、贵州一带居住着一些当时被称为“西南夷”的少数民族。诸葛亮在“隆中对”中，就曾对刘备提出“南抚夷越”以巩固后方的方针。当时南中地区共四郡，除了永昌外，其他三郡都发生了叛乱。

诸葛亮用“七擒七纵”孟获的方法平定了南中的叛乱后，为了便于控制，就把原来的四郡改为建宁、云南、兴古、永昌、越嶲、牂牁六郡，安排一些熟悉当地情况的官员为郡守。对原来少数民族的部落组织也保留下来，让原来的酋长进行统治。对

七擒七纵

公元225年，诸葛亮出兵南方，将当地酋长孟获捉住七次，放了七次，使他真正服输，不再为敌。比喻运用策略，使对方心服。“七擒七纵”的故事，在民间被广为流传，而《三国演义》更是将它描写得有声有色。

▲ 诸葛亮 “七擒七纵” 孟获

一些在当地影响较大的少数民族上层分子，都安排了较高的官职，以稳定少数民族的关系。如孟获就官至御史中丞（中央的监察官），孟琰被封为辅汉将军。这样的安排对拉拢少数民族上层，稳定南中的局势，起了积极的作用。

孟获（生卒年不详），三国时期南中一带少数民族的首领，曾经起兵反叛蜀汉，后来被诸葛亮七擒七纵并降服。《三国志》本传中并未记载孟获其人，他的相关事迹仅在《汉晋春秋》和《襄阳记》等史籍中有记载，小说《三国演义》中也对“七擒孟获”的故事进行了详细的描述。

诸葛亮还在南中地区推广先进生产技术，以发展当地的生产。同时，他也从那里征收大量的物资，如当地的特产金、银、丹漆以及耕牛和战马等，源源不断地将其外运出来，满足蜀汉政权的财政及军事需要。

南中的士兵作战骁勇，机动灵活，善于翻山越岭，诸葛亮抽其精锐和他们的家属一万多户，将其迁到蜀中，编为五部，号称“飞军”，成为蜀汉军队中一支特别部队。对于少数民族中一些不适于当兵作战的人，则让他们充当汉族和少数民族地主的部曲，不但增加了劳动力，还加强了对他们的控制。

诸葛亮对南中地区的少数民族主要采取拉拢安抚的政策，这对于促进民族融合，争取少数民族对蜀汉政权的支持，都起了积极的作用。所以诸葛亮在世时南中地区一直比较稳定，这也显示了诸葛亮的政治才能和远见。

◇北伐中原　壮志未酬◇

安抚南中，解除了蜀汉的后顾之忧，诸葛亮就集中力量，练兵习武，准备北伐曹魏。消灭曹魏，然后一统天下，这是诸葛亮一生的主要奋斗目标。

226年，魏文帝曹丕病死，曹睿即位，是为魏明帝。这时诸葛亮认为这正是北伐的大好机会，魏国幼主当政，内部不稳。当时蜀汉攻魏的路线只有一条，就是

▲ 诸葛亮上演“空城计”骗过司马懿

马谡（190~228），三国时期蜀汉大臣，侍中马良之弟。初跟随刘备取蜀入川，曾任绵竹、成都令、越嶲太守。被蜀汉丞相诸葛亮用为参军。马谡“才器过人”，好论军计。诸葛亮向来对他倍加器重，每引见谈论，自昼达夜；但马谡却于诸葛亮北伐时作战失误而失守街亭，因而被诸葛亮所斩。

出秦川，向长安进军。但是军队要出四川，需经过一段崎岖的山路，运送物资很困难。所以要北伐，首先必须准备充足粮草，把兵员和物资集中运送到汉中，然后再从汉中伺机进军。

诸葛亮要带兵离开成都到汉中，但对年轻的后主刘禅很不放心。这时刘禅虽然已经20岁了，但他庸碌无能，不能独立处理政事。因此诸葛亮在离开成都前对幕僚人员做了布置和安排。然后他又给刘禅上奏章，向他交代应该和不应该做的事。他在奏章中首先分析了当时天下的形势，说明蜀汉能达到现在的地位，都是大臣和将士拼死奋斗的结果，来之不易。他劝告刘禅要励精图治，继续发扬大家的锐气，切不可妄自菲薄，阻塞忠勇之路。诸葛亮的这份奏章就是有名的《出师表》。它表现了诸葛亮对汉室的忠诚，对复兴汉室的殚精竭虑，对刘禅的苦口婆心，是一篇感人肺腑的政治宣言。

▲ 诸葛亮挥泪斩马谡

诸葛亮的这次北伐因错用马谡而导致失败，这次北伐上演了历史上知名的“失街亭、斩马谡”事件和空城计。

但是，诸葛亮并不甘心这次北伐的失败，又积极筹备新的北伐。231年春，在进行了两年的准备工作后，诸葛亮使用了“木牛”作为运送军粮的工具，联系北方少数民族鲜卑族的首领轲比能率众至北地（今陕西铜川耀州区）响应，再一次出兵北伐，包围了祁山。但这一次的对手是颇有心机的司马懿。司马懿很有军事才干，他知道诸葛亮远道而来，所带军粮有限，因而求战心切，就采取了坚壁固守的战略和以逸待劳，不与蜀军主力决战的战术，想拖垮诸葛亮。诸葛亮虽然百般刺激司马懿的主力出动决

战，但司马懿一直坚守不战。所以双方相持了一个多月，虽然诸葛亮在一些局部的战斗中取得了一些胜利，但一直未能消灭魏军的主力。这时由于后方粮草供应跟不上，诸葛亮被迫退兵，虽在退却中诱杀了魏名将张郃，但从整个战役来说，这次北伐仍未取得太大的进展。

▲ 诸葛亮发明的“木牛”复原图

诸葛亮退回汉中后，查问负责运粮的李平，为什么不能按时把粮运到前线，结果发现是李平在里边捣了鬼，诸葛亮很气愤。他查明了李平的过失，奏明了后主，削了李平的官爵封号，把他流放到梓潼郡（今四川梓潼）。从这件事情中，诸葛亮进一步认识到北伐中军粮供应的重要。为此，他又设计了一种四轮运粮小车“流马”，组织军队把军粮先运到接近前线的斜谷（今陕西眉县），派兵严加保护；同时，还在渭水前线分兵屯田，以就地解决粮食问题。234 年，诸葛亮认为已经解决了军队补给问题后，与孙权约定，同时进兵伐魏。这一次北伐，诸葛亮集中了 10 万大军，出斜谷口，到郿县，在渭水南岸的五丈原（今陕西岐山）扎营，与司马懿率领的魏军相对峙。这次司马懿仍然坚守不战，等到蜀军的粮食供应中断后，再发兵追击的方针。

诸葛亮与司马懿在五丈原相持了 100 多天，中间诸葛亮想尽方法逼司马懿出战，司马懿的部将也一再要求出战，司马懿就是坚守不战。这时孙权北伐的军队因为出战不利，已经撤兵。诸葛亮恐怕魏的增援部队到来，增加与司马懿决战的困难，终日思虑重重，积劳成疾，一病不起，最后病死在五丈原的军中，时年 54 岁。

诸葛亮在病重的时候，就把军中的大事托付给了大将姜维和杨仪，并告之他死后退军的密计。诸葛亮死后，姜维和杨仪按照他的遗嘱，秘不发丧，有组织地整军而退。司马懿得知蜀军退却的消息，亲自领兵来追，杨仪领军做出了反击的行动，司马

杨仪（？ ~235）三国时期蜀汉大臣，最初为荆州刺史傅群之主簿，不久背傅群而投襄阳太守关羽。关羽命杨仪为功曹，遣往蜀中见刘备。诸葛亮死时，他部署蜀军安全退军。后因多出怨言，和上书诽谤，被收狱，自杀于狱中。

▲ 陕西汉中诸葛亮墓

懿怕中计，没敢再追，所以蜀军从容撤退到斜谷，然后才下令发丧。司马懿回到五丈原蜀兵原来的营地观察后，不由赞叹说：“诸葛亮真是天下奇才呀！”

诸葛亮病死前线的消息传到成都后，朝野震动。不管是受过他恩惠的，还是受过他批评处分的，都痛哭流涕，都认为他的死对蜀汉是一大损失。为了怀念他，经过大臣们讨论，决定在他的墓地立庙，以便祭祀。后来魏国大将钟会攻下汉中时，还派人专门上定军山祭扫了诸葛亮的墓，并下令严禁在诸葛亮墓地周围放马、砍柴。诸葛亮以其崇高的思想品德，不但得到了蜀国官民的爱戴，也同样受到了敌国将士的尊敬。

■历史评价 I

诸葛亮从被刘备从隆中请出到去世，一直兢兢业业，辅助刘备和他的儿子刘禅，苦心经营蜀汉政权。他平生的志愿是由蜀汉来统一全国，但由于主客观条件的限制，没有能实现自己的志愿，就病死于军中。蜀国根据他的遗嘱，把他的遗体安葬在定军山（今陕西勉南）。定军山位于蜀魏交界处，刘备和黄忠曾在这里打败魏军，杀了魏国名将夏侯渊。诸葛亮选择这个地方作为墓地，而不归葬成都，说明他对这个战场的怀念。诸葛亮在遗嘱里，要求葬仪简朴，只穿平时的便服，不陪葬任何器物，只依山造一小坟堆即可。他安葬的时候，后主派大臣吊唁，赠给他“忠武侯“的称号，所以后人也称他“诸葛武侯”。

▲ 成都武侯祠内诸葛亮塑像

诸葛亮生前还曾上书刘禅，说他在成都有桑树800棵，薄田15顷，这是占领益州后，他用刘备赐给他的一笔钱置办的产业，也是一家人生活的主要来源。他自己在外任公职，衣食都由公家供给，没有任何一点积蓄。长期身居相位，还在生活上能这样严格要求自己，实属难得。

但是，历史的发展常不以人们的意志为转移。诸葛亮半生苦心经营的蜀汉政权在他死后虽然由他的信任者蒋琬、费祎、姜维的全力支持和经营，但国力日衰后终被魏所灭。诸葛亮的事业虽然在他死后失败了，但诸葛亮堪称一代名相，是我国历史上杰出的政治家和军事家。

大事坐标

181 年　出生。
197 ~ 207 年　带着弟弟搬到离襄阳城西 20 里的隆中村居住。
207 年　刘备在徐庶的建议下，三次到隆中草庐拜访，得到了著名的“隆中对”。出山辅佐刘备。
211 年　与关羽、张飞、赵云等镇守荆州。
221 年　刘备登基为帝，任丞相、录尚书事；同年张飞被害，领司隶校尉一职。
223 年　刘备病死。刘禅登基，被封为武乡侯、丞相兼益州牧。
226 年　两次领兵北伐曹魏。两次北伐都取得了局部胜利。
234 年　病死于五丈原军中。

关系图谱

心存汉室 蜀汉难留

姜维

■名片春秋 |

姜维（202 ~ 264），字伯约，天水冀县（今甘肃甘谷东南）人。三国时蜀汉大将军，第四代执政大臣，诸葛亮北伐事业的继承者。原为曹魏天水郡的中郎将，后降蜀汉，官至凉州刺史、大将军，拥有最高军事指挥权。他屡立战功，在诸葛亮的培养下，成为刘禅政权不可多得的宰辅。姜维在罗贯中笔下是一个叱咤风云的人物，侠肝义胆，智勇双全。然而由于蜀汉国力弱小等原因，终究回天乏术。蜀汉灭亡后，姜维希望凭自己的力量复兴蜀汉，假意投降魏将钟会，打算利用钟会反叛曹魏以实现恢复汉室的愿望，但最终钟会反叛失败，姜维也被魏兵所杀。

■风云往事 |

◇时逢伯乐　受命危难◇

姜维很早就没了父亲，与母亲相依为命，是远近闻名的孝子。青少年时代，姜维心怀大志，喜欢研读郑玄的学说。他的父亲姜冏过去曾任郡中功曹，在羌、戎族人叛乱时以自己的身体护卫太守，死在战场上。因为这个缘故，姜维受朝廷封赏做了中郎，

参议本郡的军事。同时，姜维还是郡中的上计掾，专门负责将计簿送到魏中央政府。不久，他被州府任命为从事。这时，姜维身为魏国州府佐吏，虽满腹韬略，但没有用武之地，无法充分显示他的才华。

228年，诸葛亮北伐。刘备死后几年蜀中寂然无声，曹魏因此未做任何准备，突然听到蜀军攻向祁山，一时朝野俱惊。当时姜维正随天水太守马遵正外出巡视。马遵听说蜀军将到，而各县都起来响应，便怀疑姜维等人怀有二心，于是连夜逃跑，退守上邽（今甘肃天水）。姜维等人发现马遵逃离，立刻追赶，追到上邽城门时，马遵命关闭城门，把姜维等拒之于外。姜维等人只得返回冀县，冀县也不让姜维进城。这时，曹魏的大门向姜维紧锁，而城外蜀军压境，姜维进退维谷。他想到素来在魏军中怀才不遇，此时又遭到冷遇和猜忌，而又听闻诸葛亮求贤若渴，知人善任，于是便横下一条心投到诸葛亮帐下。

▲ 姜维脸谱

在这次蜀军的进军中，诸葛亮不顾先主刘备的叮嘱，痛失街亭，挥泪斩了马谡。姜维的归降令诸葛亮喜出望外。因为当时蜀国国力弱小，虎将关羽、张飞皆已死去，人才奇缺，诸葛亮早就听说姜维乃“凉州上士”，能得到这一员年轻将领，自然非常高兴，他对姜维很器重。当时，姜维被诸葛亮任命为仓曹掾，加授奉义将军。

后来，在诸葛亮兴师北伐、四出祁山等重大军事活动中，姜维都跟随左右。在诸葛亮的言传身教下，姜维一步步成长起来，日益显示出杰出的军事才能，就像一柄宝剑，终于磨砺出熠熠锋芒。

234年，诸葛亮再次北伐，却因劳累过度在五丈原军中病逝。诸葛亮死后，由蒋琬掌握朝政大权。姜维一次次被起用为左监军、辅汉将军、统率将军。238年，姜维随大将军蒋琬出镇汉中；243年，姜维升为镇西大将军，并任凉州刺史，独立担当在西北边陲抗魏的重任；247年，姜维又升为卫将军，掌

蒋琬（? ~246），三国时期著名的政治家。最初随刘备入蜀，诸葛亮死后获封大将军，录尚书事，封安阳亭侯，加大司马，辅佐刘禅，总揽蜀汉军朝，统兵御魏。采取闭关息民政策，使蜀国力大增。

费祎（？ ~253），三国时蜀汉名臣，与诸葛亮、蒋琬、董允并称为蜀汉四相。深得诸葛亮所器重，诸葛亮死后，初为后军师，再为尚书令，直至大将军，执行休养生息的政策，为蜀汉的发展尽心竭力。

京师兵卫和边防屯警，位次上卿，负责录尚书事。录尚书事即总揽朝政。此时的姜维实际上已经行使相权。当时正赶上汶山郡平康县（今四川松潘西）少数民族反叛，姜维率领兵马平定了这次叛乱。他又出兵陇西、南安、金城三郡交界地，与曹魏大将郭淮、夏侯霸等人在洮河以西地区交战。胡地头领冶无戴率领所属部众投降，姜维将他们带回妥善安排。

姜维在陇右少数民族中享有很高威望。他始终遵循诸葛亮的“和戎”政策，并诱使胡、羌各族作为他的羽翼，以便能夺取陇山以西的地方，逐步瓦解魏国在凉州的势力，联合西北少数民族抗魏，应该说这符合当初诸葛亮的既定战略。

▲ 姜维画像

但是，姜维的做法却遭到大将军费祎的强烈反对。费祎的政治主张是保守的，只求墨守成规，以维护偏安局面。费祎多次阻止姜维的军事行动，每次姜维想兴师出征都遭到严格限制，所得到的兵力也不超过万人。

253年，费祎去世。姜维终于可以施展自己的远大抱负，这年夏天，姜维率领数万人马出兵石营（今甘肃武山南），经过董亭，围攻南安。曹魏的雍州刺史陈泰率军前来解围，到达洛门，姜维因粮草断绝退回蜀地。第二年，他开始督领内外军事，再次出兵陇西。魏军败退，姜维乘胜收复了多处地方，迁徙河关、狄道、临洮三县的百姓回蜀。256年春，刘禅派人到姜维驻地，任命他为大将军。他再次整顿军马，

与镇西大将军胡济相约会师上邽，胡济失约没有到达，因此姜维在段谷被曹魏大将邓艾打败，兵士零星散乱，溃不成军，死的死，伤的伤。一时间朝廷上下及军中对姜维纷纷怨恨指责，姜维谢罪，引咎自责，自请贬官削职，任后将军，同时代行大将军职事。

▲ 甘肃甘谷姜家庄姜维雕塑

姜维在军事上继承了诸葛亮并有所发挥，在治国方略上却远远不及诸葛亮。当时，姜维对宦官黄皓专权深恶痛绝，262 年，他密奏刘禅，让刘禅下令杀掉黄皓。刘禅却认为姜维多管闲事。刘禅的态度让姜维寒心，在他看来，这位昏君已无可救药了。再加上姜维已和黄皓正面冲突，如果继续留在成都恐遭黄皓的暗算，于是不久就主动请辞屯田，从此不再回成都。姜维的离开实质上削弱了蜀汉地区正面的防守，最终为曹魏伐蜀提供了方便。

◇大江东流　留名后人◇

就在蜀汉后主昏庸塞听、宦官奸臣当道之际，魏国暗暗制定了灭蜀计划。

262 年，执掌魏政的相国司马昭召集群臣商议定下了一举灭蜀的战略方针。第二年八月，司马昭征集四方兵马 18 万，分三路大军举兵伐蜀。姜维知道司马昭的行动后上表给刘禅说："听说钟会在关中整治兵马，想图谋进攻，请赶快派张翼、廖化督领各军，分别护守阳安关口和阴平桥头以防患于未然。"此表落入黄皓手中，黄皓相信鬼神巫言，对后主讲蜀国不会遭到任何侵犯，并奏请后主压下这件事，故其他大臣都不知道。直到魏军发动进攻时，

剑阁

位于四川盆地北缘，地处川、陕、甘三省结合部。因诸葛亮在剑门关凌空凿石修建飞梁阁道而得名，素有"蜀北屏障、两川咽喉"之称，自东汉以来，历为县、郡、州治地，建县已有 1 700 多年。蜀道文化、三国文化、红色文化积淀厚重，是全国文化先进县，四川历史文化名城。

后主才命廖化率军往沓中支援姜维，另命张翼和辅国大将军董厥等往阳安关口助守。

汉中地形险要，魏军本来很难攻进来。但由于蜀军弃险不守，钟会主力军10余万人一路畅行无阻，九月抵达汉中。此时，姜维率军趁机折返南归，通过阴平桥头顺利撤回，与廖化、张翼等人会合，先钟会一步返回剑阁据守。剑阁号称天险，是由汉中进入成都的咽喉，有一夫当关、万夫莫开之势。钟会率10余万大军到达后，好长时间都没打下来。粮食渐至匮乏，准备暂时退兵再谋他途。姜维再一次表现出他杰出的军事才能，使司马昭一举灭蜀的战略计划面临破产的危险，而蜀汉也由此获得了转机，已呈转危为安之势。

但是，谁也没料到此时邓艾突出奇兵，从阴平出发，经过700里荒无人烟的崎岖山地，越过了剑阁天险，直达江油，蜀江油太守不战而降。邓艾军进一步攻向涪城。涪城守将诸葛亮之子诸葛瞻，在军事失利的情况下被迫退守绵竹，最后与其子诸葛尚一起战死。绵竹的失守使蜀汉都城成都失去了最后一道屏障，邓艾军长驱直入，屯兵成都城下。早就吓得魂不附体的刘禅听信了光禄大夫谯周的话，反绑着双手，用车拉着棺材，率领太子、诸王公及群臣投降。至此，历时43年的蜀汉政权最终灭亡。先主刘备的毕生夙愿，先丞相诸葛亮的半生心血都付诸东流。

▲剑门关平襄侯祠内姜维雕像

虽然成都已经陷落，但是各地蜀军将士并没有立即投降，姜维等人仍然坚守在剑阁。后主降魏的传言不久便被证实。接着，姜维收到刘禅的命令，要他们放下武器盔甲到涪县魏军阵前见钟会。姜维不由满腔悲愤，他手下的将士纷纷拔出刀剑狠狠劈砍山石以发泄心中的愤怒。钟会对于姜维等人给予优待，并把印鉴、名号、符节、车盖全部归还了他们。钟会与姜维则出门同车、就座同席。早年诸葛

亮对姜维的评价确实不错，他的确是“心存汉室”，就在他与钟会打得火热，摆出一副安心归顺的模样时，他的心里却在暗藏着一个恢复蜀汉的计划。

魏灭蜀后，素来不和的两员魏军伐蜀主将邓艾、钟会之间的矛盾公开化了。姜维瞅准时机，在邓艾、钟会之间进行挑拨，先让钟会告发邓艾，将邓艾押解回洛阳，然后鼓动钟会发动兵变，据蜀叛乱。谁知天有不测风云，司马昭对钟会早有防备。钟会陷害邓艾后，钟会带领姜维等人至成都，自称益州牧公开反叛。他准备交给姜维5万人马,让他担任前锋。钟会的行为激起了曹魏将士的愤怒，他们群拥而起，杀了钟会、姜维及姜维的妻室儿女。至此，姜维为恢复蜀汉统治的最后一次努力也宣告失败。

▲ 甘肃甘谷姜维公园内姜维雕像

■历史评价 |

青山遮不住，毕竟东流去。历史长河的波澜非个人能够决定。姜维虽然在军事上颇有所长，但他却缺少治国才能。他始终贯彻的是诸葛亮以攻为守、在进取中图存的路线，但却没有考虑到屡次征战对国力的消耗和对老百姓造成的灾难，以至于在朝廷中丧失威望。

后来在与宦官黄皓的斗争中，他也表现得软弱妥协，丝毫没有一个政治家的气魄。而最关键的一点是他建议放弃汉中的防守，想变守势为攻势的同时，自己却避祸离开成都，使汉中空虚，给曹魏以可乘之机，这是导致蜀汉灭亡的最直接原因。

▲ 甘肃甘谷姜维墓

但是，纵观姜维的政治军事活动，我们仍应看到他为蜀国南征北战，忠心耿耿，即使在蜀国已经灭亡之后，他仍未放弃使蜀国复生的努力，直至含恨而死。如果没有姜维在外屡次征战，要想保住蜀国江山谈何容易。由此可见，姜维对蜀国后期30年政权的延续功不可没，值得后人尊敬。

■大事坐标 |

202 年　出生。
228 年　诸葛亮北伐，在魏国受到猜疑和冷遇，于是投奔了诸葛亮。
238 年　随大将军蒋琬出镇汉中。
243 年　升为镇西大将军，并任凉州刺史，独立担当在西北边陲抗魏的重任。
247 年　升为卫将军，掌京师兵卫和边防屯警，位次上卿。
253 年　率领数万人马出兵石营，经过董亭，围攻南安。
256 年　被刘禅任命为大将军。
264 年　被杀害。

■关系图谱 |

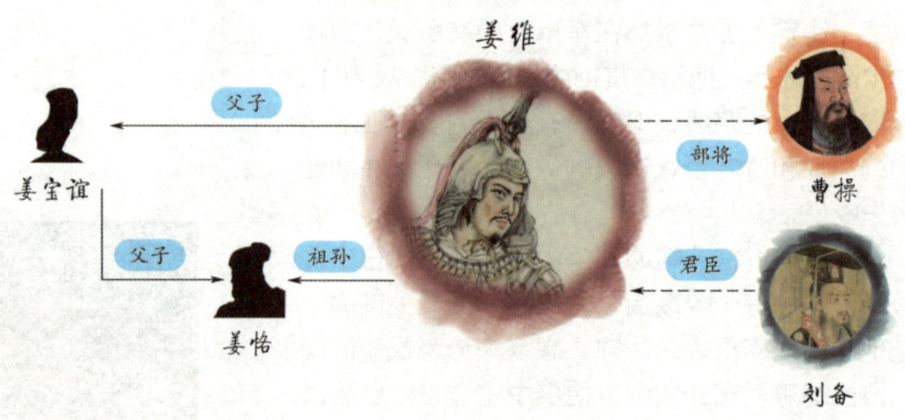

风流帅才　战击关羽

陆逊

■名片春秋 I

陆逊（183 ~ 245），本名陆议，字伯言，吴郡吴县（今江苏苏州）人。吴大帝孙权兄孙策之婿，世代为江东大族。三国时期东吴名将，历任东吴大都督、丞相。222 年率军在夷陵与入侵东吴的刘备军作战，以火攻大破之，一战成名。晚年因卷入立嗣之争，力保太子孙和而累受孙权责罚，忧愤而死，葬于苏州，至今苏州有地名陆墓。

■风云往事 I

◇江东大族　初露锋芒◇

陆逊出身于江东名门望族。父亲陆骏，曾任东汉九江都尉。因父母死得早，陆逊自幼就跟从祖父陆康在庐江太守任所读书。当时袁术割据淮南，唆使孙策攻陷庐江。一个多月后，陆康病死。陆康事先把家眷都送回了吴县（今江苏苏州），其子陆绩尚幼，刚刚 12 岁的陆逊就承担起了支撑门户的责任。

青年时期的陆逊是一名温文尔雅的书生，其风声流闻，远近知名。孙策死后，孙权继领其众，“招延俊秀，聘求名士”。陆逊 21 岁时，应召进入孙权

张敦，三国时期吴国人，被孙权任命为车骑将军。他德量渊懿，清虚淡泊，又善文辞。去世时年仅 32 岁。

▲ 费栈（生卒年不详），魏国太守

幕府，历仕东、西曹为令史；后出任海昌屯田都尉，兼理县政。正逢海昌境内连年大旱，他开仓赈济贫民，组织生产自救，缓和了灾情，赢得了百姓的爱戴。

孙权很赏识陆逊的才干，把孙策的女儿嫁给了他。孙权多次向陆逊征询政见，陆逊献策说，如今英雄对峙，豺狼觊觎。若要战胜敌人，平定祸乱，必须要有一支人数众多，英勇善战的军队。而目前山寇等旧势力，仍然占据深山险阻，这些腹心之地不安定，就谈不上大展宏图。因此，当务之急是扫平山寇，取其精锐，来扩充军队。孙权采纳了他的建议，提拔他担任帐下右都督之职。这时，恰巧丹阳地区又发生豪强叛乱事件：豪强费栈接受曹操封号，煽动武装叛乱，充当曹军内应。陆逊奉命讨伐费栈，在敌我悬殊的情况下，他多设营帐，遍布鼓角，虚张声势，迷惑敌人。然后，他乘夜领兵潜入山谷，鼓角齐鸣，向敌人发起突然攻击，很快镇压了这场叛乱。接着，陆逊检括吴、丹阳、会稽三郡的依附民，以强壮者当兵，羸弱者补户，共得精兵数万人，既打击了地方豪强，又巩固了对当地的统治，也大大增强了自己的实力。

▲ 陆逊半身像

◇麻痹关羽　智取荆州◇

219年，蜀汉荆州守将关羽进攻曹操的樊城。当关羽的大军团团围住樊城的时候，镇守夏口的东吴汉昌太守吕蒙突然声称旧病复发，要回京城建业（今江苏南京）治病。吕蒙带着随从，张张扬扬离开荆州，途中路过芜湖。这时陆逊驻兵芜湖，他连忙赶去谒见。一阵寒暄之后，陆逊说道：“吕将军与关

羽接境，您走了以后，荆州的局势岂不更令人担忧吗？”吕蒙一副无可奈何的样子，说：“足下言之有理，只是我的病情日益沉重，实在无法坚持下去。”陆逊又说：“将军一走，却是一个很好的机会。关羽骄傲自大，盛气凌人；这次立了大功，更加得意忘形。他一心只想北进，而对我不疑，这回听说将军有病回建业，必然更是不加防备。如果我们出其不意，攻其不备，一定可以稳操胜券。请将军回到建业面见圣上的时候，与他好好计议一番。”陆逊的这席话使吕蒙大吃一惊。原来，吕蒙病重是假，麻痹关羽、伺机出击是真，这是孙权和吕蒙合演的一出戏，可没想到戏刚出台，就被陆逊识破了。于是孙权任命陆逊为偏将军右都督，进驻陆口（今湖北嘉鱼陆溪镇），接替吕蒙统率孙吴西线军队。

陆逊赴任后，为进一步麻痹关羽，打消关羽的疑虑，给关羽写了一封措辞十分谦恭的书信。信上说：“将军善于用兵，军纪严明，小举大克，功业何等伟大！敌人的失败，就是我们联盟的胜利，我们获悉喜讯，无不拍手称快，希望能与将军席卷中原，同扶汉室。我是一个很迟钝的人，受任西上，时刻盼望亲聆教诲。”不久，关羽水淹曹操援军，杀庞德，俘虏大将于禁，陆逊又马上去信祝贺说：“将军水淹曹军，活捉于禁等人的消息传来，大家赞叹不已，都认为将军的功勋足以流芳百世，即使往昔晋文公城濮的雄师，淮阴侯攻克赵国的谋略也比不上将军。近来我听说徐晃带领少数骑兵，在一旁窥探。曹操是个狡猾的家伙，或者还会派兵增援，以求一战。虽然曹军已经疲惫不堪，但也有些骁勇强悍之徒。打了胜仗以后，容易因轻敌吃亏，古人说越是打胜仗越是警惕，因此，希望将军集思广益，从善如流，保证大获全胜。我是一个才疏学浅的书生，有幸与将军这样才能非凡、品德高尚的人为邻，很乐意倾诉自己的一孔之见，虽然不一定有用，仅供将军参

淮阴侯，指韩信，他是淮阴（今江苏淮安）人，西汉开国功臣，中国历史上杰出的军事家，“汉初三杰”之一。曾先后为齐王、楚王，后贬为淮阴侯。为汉朝的天下立下赫赫功劳，但后来却遭到刘邦的疑忌，最后被安上谋反的罪名而遭处死。韩信是中国军事思想“谋战”派代表人物，被后人奉为“兵仙”、“战神”。“王侯将相”韩信一人全任。“国士无双”“功高无二，略不世出”是楚汉之时人们对其的评价。

考。”关羽读了这些信后，觉得陆逊谦虚、诚恳，彬彬有礼，大有投靠自己之意，就更不把他放在心上了。这时，关羽虽然在前线取得节节胜利，但后方却危机四伏。留守江陵、公安的将领糜芳、傅士仁因军资供应不及时，关羽声言要惩治他们，糜芳、傅士仁不堪忍受，顿生异心。这些情报陆逊都了如指掌。他见破蜀时机已经成熟，立即派人向孙权做了汇报。孙权当机立断，命令陆逊、吕蒙为前部，攻打荆州，他自己也亲率主力，向西挺进。

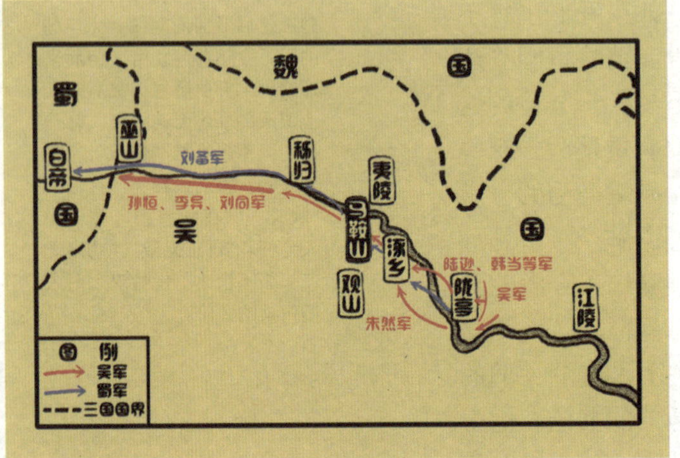

▲ 夷陵之战陆逊反攻示意图

吕蒙、陆逊兵分两路，直扑关羽的大后方。陆逊指挥的吴军所向披靡，势如破竹，占领了秭归枝江、夷道，守住了峡口，堵住了关羽退回西蜀的大门。当关羽得到消息，匆匆从樊城撤军，公安、江陵已经被糜芳、傅士仁献给了吴军。蜀军进退维谷，走投无路，疲于奔命，军心动摇。关羽只得领兵退守麦城，最后全军覆灭，他父子二人也被东吴所杀。在夺取荆州的战役中，陆逊指挥吴军歼敌几万人，孙权十分高兴，提升他为右护军、镇西将军，进封娄侯。

220年冬，曹丕篡汉称帝，改元黄初。次年四月，刘备也在蜀中称帝。与此同时，孙权移镇于鄂，改名武昌。陆逊主张接纳刚刚返回荆州的士人，以扩大孙吴政权的影响，孙权采用了他的意见，并取得了很好的效果。

右护军

三国时期皆置护军，分左右。主要负责军队的工作。

◇火烧连营　夷陵大捷◇

荆州战后，刘备一直耿耿于怀，他不听赵云等人的劝阻，准备亲自领兵伐吴，再夺荆州。孙权慑

于曹魏大兵压境，主动派人向刘备求和，吴南郡太守诸葛瑾也写信给刘备，劝他摒弃前嫌，共御曹军。但刘备报仇心切，都断然拒绝，于是，吴、蜀之间爆发了一场大规模的战争，即历史上著名的夷陵之战。

▲ 火烧连营大战

221年七月，刘备率领大军浩浩荡荡出三峡，蜀军前锋吴班、冯习首先攻下巫县，紧接着四万蜀军长驱直下，占领秭归。孙权只得命将出师迎战蜀军。他拜陆逊为大都督，统率将军朱然、潘璋、韩当、徐盛、孙桓等部5万余人御敌。222年一月，刘备到达秭归，命令吴班、陈式的水军沿长江东下，封锁夷陵一带沿江两岸。然后，刘备率领各路大军攀山越岭深入到猇亭，武陵地区的蛮夷等少数民族受到刘备使者的鼓动，也派兵参战。蜀军进展神速，声势浩大，从巫峡到夷陵的长江沿岸，军营连成一片，绵延700多里。整个形势对吴军十分不利，吴军统帅陆逊面临着严峻的考验。

陆逊实行战略退却，退守夷陵。他按兵不动，避开蜀军的锐气，不与蜀军决战，而冷静地等待战机。几个月过去了，吴军始终坚守阵地，拒不应战；蜀军无计可施，思想上渐渐松懈了。

当陆逊下令发起进攻时，诸将皆疑虑重重，而陆逊认为此时正是歼敌的大好时机。陆逊十分谨慎，决战之前，他派出一支小部队先试探性地进攻，攻打蜀军的一个营寨，结果失利了。原来持反对意见的将领

假黄钺

魏晋南北朝时，重臣出征时加有的称号。黄钺，以黄金为饰，古代帝王所用，后世用为仪仗。以黄钺借给大臣，即代表皇帝行使征伐之权之意，魏、晋、南北朝地位最高的大臣出征时，常加此称号。

说起风凉话："这是让士兵去送死呢！"陆逊却说："我已经找到破敌之法了。"此时正值盛夏，蜀军营寨多用木栅构筑，而且地处峡谷，草木丛生，利于火攻。陆逊命令士兵人人带上一把茅草，顺风点火。于是，吴军将士冲入蜀军阵地，放起火来，顿时火势熊熊，蜀军营帐化成一片火海，因此大败蜀军。

▲ 湖北宜都陆逊广场上的陆逊雕像

◇担任丞相　饮恨而终◇

陆逊的政治地位不断上升。228 年，他被授予假黄钺、大都督，作为元帅指挥 9 万大军迎击魏国的大司马、扬州都督曹休，斩获万余人、缴获车乘万余辆和无数军资器械。229 年，孙权称帝，陆逊官拜上大将军、右都护。孙权东巡建业，征陆逊赴武昌辅太子，并任荆州牧及掌豫章、庐陵、鄱阳三郡事。244 年，陆逊继顾雍之后任丞相。陆逊担任丞相后，仍然驻守武昌。这时，太子孙和与鲁王孙霸不睦，孙权听信谗言，遂有废黜太子之意。陆逊一再上疏规谏，他说："太子正统，应有磐石之固，而鲁王为藩臣，他们在尊卑上应有差别，这样才能使他们彼此得所，也使上下安定。"他还要求到建业当面申述自己的意见。太子太傅吾粲、太常顾谭也多次上疏辩嫡庶之义，反对废嫡立庶。但是，孙权听信谗言，不给陆逊返都机会，又以亲附太子的罪名把陆逊外甥顾谭、顾承、姚信等流放到边疆。太傅吾粲因几次与陆逊通信，竟被下狱处死。接着，孙权两次派遣内廷使者谴责陆逊。245 年二月，陆逊饮恨而死。

流刑

古时刑罚。指把犯人遣送到边远地方服劳役的刑罚。在奴隶社会就已存在，但仅适用于奴隶主贵族和同族人的某些犯罪。秦汉时期的迁刑、徙刑与流刑类似，但其适用对象比较特定，也比较狭窄，并非广泛使用的刑种。流刑上升为法定刑，首次用于对普通人犯罪进行处罚是在南北朝时期。之后，隋朝定为五刑之一，一直沿用至清朝。

■历史评价

陆逊是东吴继周瑜、鲁肃、吕蒙之后的又一个声望颇高、功绩卓著的将领。他智勇兼备，武能安邦，文能治国，并且品质高尚。孙权把他比作成汤之伊

尹和周初之姜尚。陆逊的军事才能主要表现在他足智多谋，善于用兵。在夺取荆州的战役中，他利用关羽骄傲自大的弱点，以卑下的言辞写信吹捧关羽，使关羽完全丧失警惕，全力对付曹操。这样，吕蒙才得以兵不血刃、轻取荆州。

夷陵之战时，陆逊则又根据敌强我弱的实际情况，采取了诱敌深入、疲敌师志的战略方针。从指挥艺术上说，作为一军之帅，陆逊的确是善于审时度势，做到了知己知彼，能准确捕捉战机，出奇制胜。陆逊虽置身行伍，却有治国安民的雄才大略。他建议孙权要像西汉刘邦那样轻刑便民，用黄老之术治理国家，要尽量少动干戈，务以养本保民为要，只有与民休息、轻徭薄赋，才能富国强兵，统一天下。因此得知，陆逊并非“一介武夫”，而是一个文武兼备的政治家、军事家。

■大事坐标 |

183 年	出生。
203 年	投入孙权旗下，开始为孙权效力。
221 年	火烧刘备军的连营，取得夷陵之战的胜利。
228 年	被授予假黄钺、大都督，政治地位开始不断上升。
229 年	官拜上大将军、右都护。孙权东巡建业，征陆逊赴武昌辅太子，并任荆州牧及掌豫章、庐陵、鄱阳三郡事。
244 年	继顾雍之后出任东吴的丞相。
245 年	在孙权的猜疑和排遣中饮恨而死。

■关系图谱 |

文韬武略　论策天下

鲁肃

■名片春秋

鲁肃（172 ~ 217），字子敬，临淮东城（今安徽定远）人。三国时期东吴著名的政治家、军事家、外交家。他是孙权手下主要的谋士与将领，为东吴势力策划天下大势，在周瑜去世后接掌前线军事，力主与刘备势力联合对抗曹操。鲁肃去世时，孙权亲自为鲁肃发丧。

■风云往事

◇相遇周瑜　志同道合◇

鲁肃出身于富豪家族，但家中却无人为官。因此鲁肃的家庭虽然资财丰足，但并不属于士族阶层，仅是在地方上有些势力的豪族。

198 年，为加强对自己辖区的控制，占据扬州地区（今长江下游和淮河之间）的袁术，极力收买地方势力。鲁肃被袁术委任为东城长。也是在这一年，鲁肃结识了周瑜。

城长

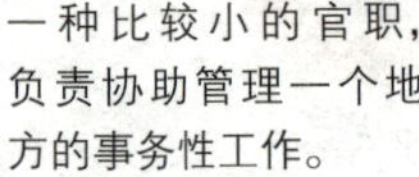

一种比较小的官职，负责协助管理一个地方的事务性工作。

鲁肃和周瑜的相识，要从周瑜向他借粮说起。东汉末年，军阀混战，农业生产遭到很大的破坏，粮食紧张成为十分突出的问题。靠和平方式借到粮

食很难。但鲁肃对于周瑜的借粮，却毫不犹豫。他将自己储粮的一半——整整三千斛大米，悉数送给周瑜。鲁肃的行动让周瑜很感激。通过接触，他了解到鲁肃是个了不起的人才，遂与鲁肃结成挚友。后来，他们这种亲密的关系从未间断。

▲ 鲁肃与周瑜

◇鼎足江东　榻上论策◇

返回曲阿后，鲁肃发现江东政局发生了重大变化。孙策被杀，江东的政权落在了孙权手中。鲁肃便想离开江东北投他主，但由于母亲已被周瑜接到吴郡（今江苏苏州），鲁肃便由曲阿赶到吴郡，把自己的打算告诉周瑜。周瑜反对鲁肃的北行计划。此时的江东，周瑜掌管着军政大权。孙策死后，江东形势一度相当混乱，只是靠着周瑜等人的全力支撑才逐渐稳住局面。正在为孙权搜罗人才的周瑜，当然不能把鲁肃放走。周瑜引用东汉大将马援的“当今之世，非但君择臣，臣亦择君”的话告诫鲁肃，对于不了解的人不要轻易投奔。他向鲁肃介绍说，孙权是个很有作为的领袖人物，善于听取不同意见，注意吸收容纳各方面的人才。追随孙权，将来一定能够成就一番事业。鲁肃心里并不愿离开，听到周瑜的劝告，也就继续在江东留了下来。

不久，周瑜把鲁肃推荐给孙权。孙权很快会见了他。经过交谈，孙权对鲁肃的见识十分赞赏。在辞退其他宾客以后，孙权单独把鲁肃留下来，不拘礼仪地合坐在一张床上，一边喝着酒，一边议论着国家大事。席间，鲁肃向孙权提出了“鼎足江东”的榻上策。他认为，孙权急于仿效齐桓公、晋文公图霸王之业的设想是不现实的，因为曹操已取得控制东汉皇帝的有利地位。汉室已不可能恢复，曹操

▲ 鲁肃画像

邓禹（2~58），东汉开国功臣，“云台二十八将”之首。公元15年，邓禹在熟读诗书颇通经义之后，为了求学深造，不远千里来到了京都长安。在长安游学的数年间，他结识了比他年长8岁的同乡学友刘秀，就是后来的汉光武帝。后来他竟成为光武帝建立帝业中最亲信最得力的功臣，被称为“元功之首”。

的力量也不能根本铲除。鲁肃给孙权的建议是：割据江东，等待时机。利用曹操无暇南下的机会，进攻刘表，占据荆州，然后建号称帝，逐步夺取天下。

鲁肃指出，现在北方还很混乱，有些麻烦事不易处理，曹操统一全国的目标很难实现，这也为孙权在江东建立政权提供了有利条件。鲁肃的“榻上策”和诸葛亮的“隆中对”，在许多观点上是一致的。两者同样比较准确地把握了当时的客观形势，并提出了远大的政治目标。具有如此深刻的洞察力和政治眼光的政治家，在三国时期还是不多见的。而鲁肃“榻上策”的提出又比“隆中对”早了7年。

鲁肃因才能卓越而受重视，本是理所当然的事，却遭到一些人的反感。当时，资格最老、势力最强的张昭屡次诋毁鲁肃，说他“谦下不足”“年少粗疏”，建议孙权不要用他。孙权知道鲁肃的才能，没有听信这些谗言，依然尊重他，并把鲁肃比作东汉的开国功臣邓禹。

◇面见刘备　力促联盟◇

208年，曹操在稳定北方之后企图乘胜南进，一鼓作气完成统一中国的事业。这年七月，曹操带领着号称80万的大军星夜兼道进攻刘表。鲁肃认为，荆州地处长江中游，与江东接壤。这里沃野千里，物产丰富；外带江汉，内阻山陵，形势险峻，易守难攻，不但是富庶的鱼米之乡，也是兵家必争之地。占据荆州意味着抓住了夺取天下的关键。鲁肃分析说，刘表死后两个儿子互相争夺，荆州政权内部出现严重分裂，刘备实际已成为这一地区唯一的政治代表。如果刘备和刘表的儿子合作得好，就联合他们共抗曹操；如果他们之间的矛盾不易调和，再另作打算。曹操大兵压境，现在说服刘备及争取刘表的部属比较容易成功。但如果被曹操抢先一步，

后果不堪设想，所以必须抓住时机，尽快前往。孙权同意这个建议，立即派他出使荆州。当鲁肃到达夏口（今湖北汉口）的时候，曹操大军已攻到荆州地界。鲁肃听到消息后，加快速度，准备抢到曹操的前头。结果是还是迟了，接替刘表在襄阳担任荆州牧的刘琮已经投降曹操，而这时鲁肃才刚刚赶到南郡（今湖北江陵）。刘琮降曹，事先没有和在樊城（今湖北襄阳北）的刘备打招呼。直到曹操到达宛城，刘备才知刘琮降曹。刘备仓皇南逃，准备撤到粮械储备比较丰饶的江陵城。曹操不愿刘备据有江陵，便亲率骑兵追击，在当阳（今湖北荆门南）把刘备的队伍打散。

▲ 鲁肃见诸葛亮

鲁肃在当时找到了处境狼狈的刘备。鲁肃指出，刘备只有联合江东抗曹才有出路。在当阳，鲁肃还结识了刘备的谋士诸葛亮。诸葛亮也是主张孙刘联盟的人，两人聊得非常投机，很快成为知己。刘备接受鲁肃的意见，改向东行。沿途与部将关羽的万余水军和刘琦所率的万余人会合，退守到樊口（今湖北鄂城）。他派诸葛亮随鲁肃至柴桑（今江西九江西南）会见孙权，商讨两方联盟的大事。

◇让争荆州　力维联盟◇

赤壁之战后，曹操虽然暂时停止南下的军事行动，但是他与孙权之间的力量对比，并没有发生改变。在如何处理荆州的决策上，江东政权内部出现分歧。周瑜不同意把荆州借给刘备，主张用美人计把刘备软禁在江东。将军吕范也劝孙权把刘备扣下。

吕范（？ ~228），汉末三国时期东吴重臣是奠定孙吴集团基础的关键人物。他是孙策手下的一员干将，随孙策孙权征伐四方；参加了很多重要的战役，并立下大大小小的功劳。更难能可贵的是，他向孙策提出了很多宝贵的建议，受到采纳后获得了很好的效果。

一场孙、刘两家之间的拼战迫在眉睫。只有鲁肃坚持，反对因土地问题破坏联盟。

210 年周瑜病逝。临终前，周瑜推荐鲁肃接替自己的职务。孙权尊重周瑜的遗愿，而且自己也很信任鲁肃，于是任命他为奋武校尉，并把原属周瑜统率的军队和所享受的奉邑，尽数划归鲁肃掌管。人们公认，鲁肃是继周瑜之后最善于治军、最有谋略的统帅。这一年年底，孙权提升他为偏将军，改任汉昌太守。214 年，在鲁肃的帮助下，孙权攻破曹军的重镇皖城（今安徽潜山），取得重大的胜利。

217 年，刘备与刘璋反目，终于夺占益州。孙权发觉自己受到刘备的捉弄，非常气愤，决定起兵攻打刘备，他一面派遣吕蒙等人强行攻取三郡，一面命令鲁肃屯守巴丘（今湖南岳阳），防备关羽的救援。

吕蒙连续攻下三座城池，激怒了刘备。215 年，他亲由益州赶到荆州的公安（今湖北公安西北），命令关羽率军夺回三郡。鲁肃进驻益阳(今湖南益阳)，堵住了关羽南下的道路。关羽是刘备最倚重的大将，虽忠义刚直，但也有点恃才傲物，不善于处理同江东之间的关系。刘备入川后，关羽经常在边界地区制造一些摩擦事件。鲁肃以大局为重，一般都采取忍让、友好的方式进行处理，力求边界和平，避免由此导致联盟的破裂。这次双方陈兵对峙，鲁肃针锋相对，不让关羽在军事上有任何便宜可占。同时，他仍想通过同关羽的说理斗争，维持联盟。因此，他主动邀请关羽到约定的地点进行会谈。鲁肃的部属担心对方下毒手，不愿他同关羽会面。鲁肃劝慰大家："今天的事情应该把话说明白。刘备是有愧于我们的。谁是谁非没有判断清楚，关羽不敢贸然下手。"会谈的时候，双方各把兵马安排在百步以外，

太守

原为战国时代郡守的尊称。西汉景帝时，郡守改称为太守，为一郡最高行政长官。历代沿置不改。隋朝此后太守不再是正式官名，仅用作刺史或知府的别称。明清则专称知府。

鲁肃只带领几个部将，佩挂单刀赴会。这就是历史上有名的“单刀赴会”，只不过主角不是文艺作品中的关羽，而是鲁肃。关羽说，赤壁之战刘备亲临前线，不能白辛苦一场，得到荆州是应该的报偿，指责江东索要荆州是无理取闹的行为。鲁肃反驳说：“当初与刘备在当阳会面的时候，刘备带领的人马比一个校尉领的还少。那时候，你们只想着逃命，狼狈不堪，对荆州连想也不敢想。我们可怜你们没有立足之地，不吝惜我们血战取得的土地，借给了你们。刘备以怨报德，占据益州后，还赖着荆州不还。我们只要三郡，你们也不肯答应。作为一个普通人都不肯自食其言，何况像刘备这样的一个领袖人物呢？”一席话，把关羽说得面红耳赤，无话对答。恰巧这时，刘备听说曹操要进攻汉中，害怕益州有失，慌忙遣使向孙权求和。孙权也自感兵力不足，取胜把握不大，便同意联合。双方重新修好结盟，签订条约。条约规定，长沙、江复、桂阳三郡属孙权，南郡、零陵、武陵属刘备。夺得荆州三郡后，鲁肃仍然与关羽和平共处，并劝说吕蒙不要挑起战争。他认为，只要曹操存在，孙、刘两方的敌人就是共同的，联盟只能巩固，不能破坏，这样才是长久之计。

▲ 京剧中的鲁肃形象

217 年，鲁肃病故。孙权为鲁肃致哀，并亲临他的安葬仪式。远在益州的诸葛亮，也对鲁肃的去世表示哀悼。

▲ 湖南岳阳岳阳楼东鲁肃墓

■历史评价 I

鲁肃始终不渝地坚持孙刘联盟，是因为他明白联盟的维持与巩固，关系到江东生死存亡的长远利益，这也是他的卓然超群之处。在鲁肃之后，吕蒙、陆逊等人虽然攻取了荆州，但却由此损害了孙刘联盟，双方再次兵戎相见，虽然最终东吴获胜，却也元气大伤，实力大不如从前，与曹魏之间的悬殊加大。由此进一步见证了鲁肃在孙刘联盟问题上的远见。鲁肃一生的活动，证明了他是江东最杰出的政治家、军事家和外交活动家之一。

■大事坐标 |

172 年　出生。

198 年　被袁术委任为东城长。同年，结识周瑜。

208 年　刘表病死，鲁肃立即向孙权要求以吊丧的名义出使荆州，目的是联络寄寓在荆州的刘备，合力抵抗曹操的南下。

210 年　任奋武校尉。年底，又被提升为偏将军，改任汉昌太守。

214 年　参与孙权攻破曹军重镇皖城（今安徽潜山）的军事活动，取得重大的胜利。

215 年　“单刀赴会”同关羽说理，维持了孙刘联盟关系。

217 年　病故。

■关系图谱 |

翩翩周郎　领衔赤壁

周瑜

■名片春秋 |

周瑜（175 ~ 210），字公瑾，人称“美周郎”，庐江舒县（今安徽庐江西南）人。东汉末年三国时期吴著名军事家、政治家及音乐家，东吴势力取得军事成功和割据地位的主要功臣之一。他所指挥的“赤壁之战”，是中国历史上著名的以少胜多的战役，也直接决定了三国时代魏蜀吴三国鼎立的局面。但是取得胜利后不久，他就因病逝世。

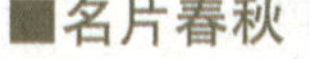

◇江东周郎　年少得志◇

周瑜是世家子弟，出身名门，其先祖周景和周忠均做过汉朝的太尉，父亲周异是洛阳令，叔父周尚是丹阳太守。

190 年，孙坚出兵讨伐董卓联军，举家迁徙至舒县(今安徽庐江)。周瑜与孙坚的儿子孙策一样大，二人成为好友，甚至提供自家南侧的大宅给孙策一家人居住。同时拜谒孙策的母亲。两人情如兄弟，共同生活起居。后来，周瑜叔父周尚就任丹阳太守，

▲ 周瑜画像

乔公（生卒年不详），又作“桥公”（乔字古作“桥”），东汉时期庐江皖县（今安徽潜山）人。养有二女，国色天香，人称“江东二乔”，即大乔和小乔。《三国演义》中的人物“乔国老”，其原型就是乔公。

周瑜也一起跟随。孙策丧父后，经过多年在袁术手下打拼，终于能够独当一面。正要东渡历阳入吴时，孙策写信给周瑜。周瑜立刻起兵响应，孙策高兴地说：“能够得到你的帮助，我成就大业有望了。”

接着周瑜跟从孙策破横江（今安徽和县东南长江北岸）、当利（今安徽和县东，当利水入江处），接着过江攻破秣陵（今江苏江宁秣陵关），打败了笮融和薛礼，转而攻占了湖孰（今江苏江宁湖熟）、江乘，进入曲阿（今江苏丹阳）。这时，孙策的部队已经发展到了数万人。他对周瑜说：“以我现在的兵力已经可以攻破吴会、平山越。你还是回去镇守丹阳。”于是，周瑜率部回到了丹阳。

199 年，孙策想要攻取荆州，于是授命周瑜为中护军，兼任江夏（今湖北新州西）太守，随军出征。孙策和周瑜攻破皖县后，得到了乔公的两个国色天香的女儿。孙策自己纳大乔，周瑜纳了小乔。孙策对周瑜说：“乔公之女，虽然遭受战乱，流离失所，但有我们两人做夫婿，也足以高兴。”孙策接着又进攻寻阳，击破刘勋，然后讨江夏，又回后平定豫章（今江西南昌）、庐陵。而周瑜则留下来镇守巴丘。

▲ 周瑜石像

206 年，周瑜讨伐麻、保两屯贼兵，俘虏万余人，后还守官亭。后来江夏太守黄祖派大将邓龙领千人向柴桑发起进攻，周瑜追击，生擒邓龙。208 年春天，孙权讨伐江夏，命周瑜为前部大督。

◇赤壁之战　巴丘殒命◇

208 年秋，曹操率军南侵，占领荆州，曹操向孙权进逼。大军压境之际，孙权的大臣们意见不合，出现了主和、主战两派。孙权又受到鲁肃以及代表刘备势力出使的诸葛亮的说辞影响，犹豫不决。鲁肃劝孙权招回在鄱阳的周瑜。周瑜回到孙权身边，

向孙权分析曹操与孙权两军的胜败关键，指出：第一，曹军疲惫不堪；第二，天气渐冷，曹军的粮草不济；第三，马超、韩遂尚在关西镇守，为曹操的后患。既而进一步分析了曹军的实际力量，指出来自中原的曹军不过十五六万，而且还包括新招降的七八万人，大家并不全心向曹操。周瑜主动申请带领3万精兵抵抗曹军。孙权这才下定决心，拔剑砍掉桌子一角，说："再有敢说投降的，下场就和这案桌一样！"

马超（176~223），字孟起，三国时扶风茂陵（今陕西兴平）人。三国时期蜀汉骠骑将军、五虎上将之一。马超是后汉征西将军马腾的长子。17岁开始随父亲马腾在西凉为一方军阀，后与韩遂一同进攻潼关，被曹操以离间计击败。此后马超又起兵攻杀凉州刺史韦康，不久被韦康的将领杨阜击败，投奔张鲁。刘备入蜀后马超投奔刘备，并为刘备作前驱，进入成都。刘备称汉中王后封马超为左将军；221年刘备称帝，封马超为骠骑将军。222年，马超病逝，终年46岁。

孙权命周瑜及程普等领3万人抗曹。途中在赤壁两军遇上，曹操军因有疾病，又不习水性，刚开始便败退，曹操引军至江北。周瑜便与刘备军在南岸设营，双方对峙。周瑜部将黄盖建议用火攻，周瑜认为可行，让黄盖前去诈降。曹操果然中计，船舰全被烧毁，曹操败走。

周瑜与程普乘胜追击，发兵南郡，与曹营大将曹仁在江两岸对峙。周瑜派遣甘宁先攻夷陵，曹仁也分兵围攻。甘宁向周瑜告急，周瑜用吕蒙之计，留凌统守后，自己就与吕蒙前往解救，甘宁之围解决后，即率兵回到了北岸。周瑜亲自率军进攻，但右肋被流矢所伤，伤势严重，只好引军撤退。曹仁闻得周瑜伤得不能起来，亲自督军到周瑜阵前，周瑜到军营激励士气，曹仁见状便撤退。经过差不多一年的时间，南郡终于被攻克。大战告成，孙权拜周瑜为偏将军，领南郡太守，屯踞江陵。同时周瑜献计软禁刘备，想分化刘备阵营，但孙权未采用这个建议。

程普（？~210），东汉末年东吴的武将，历仕孙坚、孙策、孙权三任君主。他曾跟随孙坚讨伐过黄巾、董卓，又助孙策平定江东。孙策死后，他与张昭等人共同辅佐孙权，并讨伐江东境内的山贼，功勋卓著。程普在东吴诸将中年岁最长，被人们尊称为"程公"。

210年，周瑜提出征伐西蜀的方案，孙权答允，但就在周瑜出征之前，他得了重病，最终死在了巴丘。孙权亲自穿上素服为其哀悼，手下的人都被感动。孙权将周瑜葬于家乡安徽庐江城东1千米处。

▲ 安徽庐江周瑜墓园

我们现在见到的周瑜墓为圆顶，高2米，封以灰色麻布纹大汉砖，墓门朝东，墓周松竹环绕，墓前有一块1442年刻有“吴名将周公瑾之墓”的石碑。

■历史评价 |

周瑜风流倜傥，少年得志，很有才学。他为人心胸开阔，非常谦逊，吴军中众人皆与他为友。当时只有程普因年龄长于周瑜而位居其下，心中不服，数次侮辱周瑜。不过周瑜每次都忍下，慢慢地程普开始对周瑜的态度有了转变，他曾说：“与周公瑾交往，就如同饮醇厚的美酒一样，不知不觉就沉醉了。”虽孙权视周瑜为兄长，但周瑜从不因此骄纵妄为，对孙权敬慎服侍，完全按君臣之礼来对待。周瑜对孙家极为忠心，曹操在赤壁之战后曾派蒋干游说周瑜投靠他，但被周瑜拒绝了。

▲ “周郎顾曲”图

周瑜待人也十分亲切，扬州百姓都用对一般男子的称呼来称孙策和周瑜为孙郎和周郎。周瑜还是一个精通音律的人，可以说是一个音律天才。据说，周瑜即便是酒过三巡之后，如果发现弹奏的音乐有误，也必会知道，并回头一顾，所以当时的人都说：“曲有误，周郎顾。”“周郎顾曲”现在已经演变成对音乐的欣赏赞美之词。

■大事坐标

175 年 出生。

190 年 从舒县到寿春，结交了孙策，并将孙策一家接至舒县自己家中同住，二人成为知心好友。

195 年 平定江东，与孙策一同作战。

198 年 加入孙策旗下。孙策亲自迎接，授其建威中郎将。

199 年 被拜为中护军，兼任江夏太守，随军出征。

200 年 担任中护军，与长史张昭一起掌管军政大事。

208 年 孙权讨伐江夏时的前部大督。同年，被命为左都督，带兵与刘备共同抗曹。在赤壁之战中大破曹军，奠定了三分天下的基础。

209 年 在南郡与曹仁对峙一年后，曹仁败退。被孙权拜为偏将军，领南郡太守，屯据江陵。

210 年 去蜀途中病逝于巴陵巴丘。

■关系图谱

出身寒门　第一贤臣

张华

■名片春秋 |

张华（232 ～ 300），字茂先，范阳方城（今河北固安）人，西晋时期政治家、文学家、藏书家。他的父亲张平，官至曹魏渔阳太守。张华少年时就成了孤儿，家境贫寒，不得不放羊为生，只有同郡卢钦看重他，认为他将会成才。后来有乡人赏识，将女儿许配给他，张华才解决了基本的生计问题和婚配，开始了他的求学修身之路。他博览群书，才识过人，且修身养性，品德高尚，既有才华，还非常重义气，好周济困苦之人。

■风云往事 |

◇才华出众　深得赏识◇

魏晋时代比较注重出身门第，青年时代的张华，因为没有门阀背景，知名度并不高。但张华胸怀大志，著《鹪鹩赋》咏志，以鹪鹩自比，暗示自己虽然像鹪鹩一样寒微，但从容而有志度。竹林七贤之一的阮籍见《鹪鹩赋》后，称赞张华有王佐之才。由于得到名士阮籍的赏识，这才提高了张华的知名度。

黄门侍郎

又称黄门郎，秦代初置，即给事于宫门之内的郎官，是皇帝近侍之臣，可传达诏令，汉代以降沿用此官职。

司马炎称帝后，张华被拜为黄门侍郎，封爵关内侯。几年之后，张华官至中书令，加散骑常侍衔。

晋武帝决意伐吴，贾充等大臣全都极力反对，只有极少数的大臣赞同，张华就是其中之一。武帝于是将张华视为心腹。羊祜长年出镇荆州，武帝派张华去荆州向羊祜密问平吴之策。羊祜对张华推心置腹，张华对羊祜的主张也深表赞同。羊祜如遇知己，对张华说:“完成我伐吴志向的人，就是你了！”

278年羊祜逝世。次年末，晋武帝大举伐吴，以张华为度支尚书，负责伐吴后勤粮运，同时辅助武帝策划大计。伐吴初期进展缓慢，贾充为首的反对派再次上书反对，请武帝诛杀张华以谢天下。贾充这批人都是西晋王朝的开国元勋，又是高门大族，贾充还是太子的岳父，对边郡来的张华很是不屑，但遭到武帝驳斥：“一切都是朕意，张华只不过是按我的旨意行事罢了。”当时众大臣都认为伐吴进展不会非常顺利，只有张华坚决主张伐吴将是必克之势。次年灭吴，晋廷下诏表彰张华功绩，进封广武县侯，增食邑万户，另封一子亭侯，食邑1 500户，赐绢万匹。晋武帝伐吴，战阵之功以杜预、王濬为最，而保障后勤，运筹帷幄的张华虽无彪炳战绩，却也功不可没！

伐吴成功，张华于是声名鹊起，为众人推崇信服，西晋史录及仪礼宪章文献多经他修改增删。不仅如此，皇帝诏书诰命也多由张华经手草拟，于是声誉日隆，当时的人认为他有登台（中书台和尚书台）拜相之望。

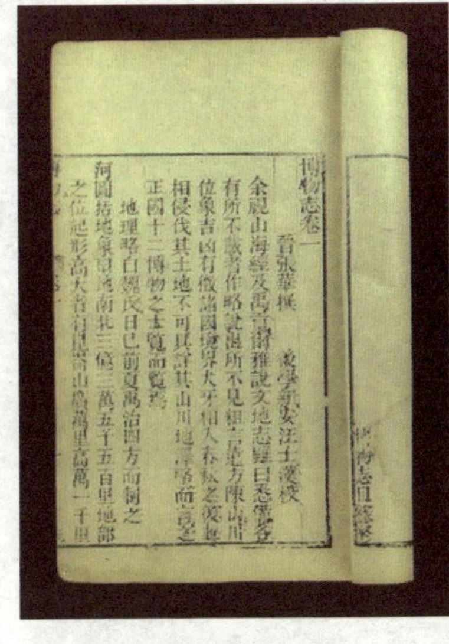

博物志卷一

晉張華撰　後學新安汪士漢校

余視山海經及禹貢爾雅說文地志雖曰悉備各有所不載者作略說出所不見粗言遠方陳山川位象吉凶有徵諸國境界犬牙相入春秋之後並相侵伐其土地不可具詳其山川地澤略而言之正國十二博物之士覽而鑒焉

地理略自魏氏日已前夏禹治四方而制之

河圖括地象曰地南北三億三萬五千五百里地部之位起形高大者有崑崙山廣萬里高萬一千里

▲ 张华撰写的《博物志》

◇屡遭排挤　遣调幽州◇

张华以一介边郡寒士，逐步升迁到西晋朝廷的高级官员，除了他自身具备才能，同时也离不开晋武帝等高层人物的赏识，然而他始终受到以贾充为首的高门大族的排挤。当他的地位和声望已经足以

贾充（217~282），曹魏及西晋时期大臣，豫州刺史贾逵之子。深受司马氏统治者的信任，西晋开国元勋，在西晋代魏建国时多有出力。

使他进入西晋朝廷的权力核心时，高门大族也开始加速排挤孤立他。

在伐吴成功以后不久，贾充就卧病不起，中书监（中书台长官之一，职权相当于宰相）荀勖继而成为张华的最大政敌。荀勖对张华十分嫉恨，为了不让张华威胁到自己的地位，一心想将张华排挤到地方去。有一次，晋武帝问起张华："谁可以托寄后事？"张华就事论事，答道："明德至亲，莫如齐王攸。"武帝对弟弟齐王司马攸其实暗存忌惮，唯恐他有心争夺皇位，张华的回答并不让武帝满意，荀勖等人乘机离间。终于武帝让张华出为持节、都督幽州诸军事、领护乌桓校尉、安北将军，去当时晋朝的北边幽州主持地方军政。

▲ 张华画像

幽州胡汉杂居，情况十分复杂，不久之前，鲜卑慕容部首领慕容涉归兴兵侵犯昌黎郡。在这种地方主持军政，稍不留神就会命送黄泉。荀勖等人偏偏建议把张华派到这种地方，其实是为进一步打击迫害张华做铺垫，但张华却让他们大失所望。

张华在这个地方干得有模有样，政绩斐然，不但境内胡族不闹事，保得州境平安，农业生产年年丰收，而且国防力量也得到加强，甚至连遥远的马韩（朝鲜半岛三韩之一）等从未依附过中国的境外小国也来纳贡，取得了很大的外交成就，声望很高。

武帝对此当然高兴，把张华外放本来也不是他的本意，没想到歪打正着，张华的才能得到充分发挥，武帝自己脸上也有光彩，于是又想把张华调回中央朝廷。他刚有这个念头，荀勖等人又开始制造各种谗言和事端，不让张华回到京都。

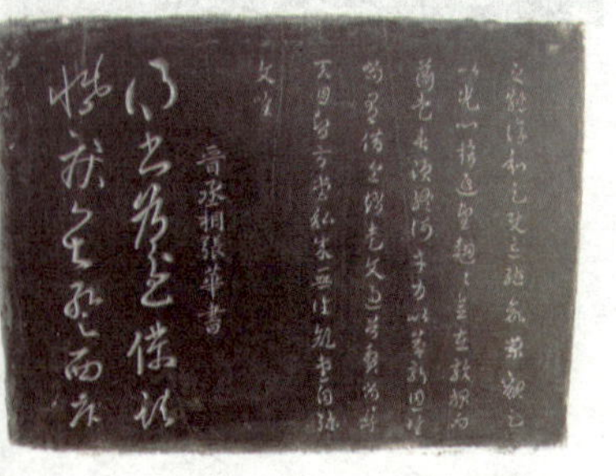

▲ 张华书法作品

在各种谗言下，张华被武帝疏远，非但没能登台入相，甚至连地方实权都被夺去。在政治家的黄金时期跌至人生的谷底，对他本人，对幽州，乃至对整个西晋王朝，这都是不小的损失。直到惠帝登

基，张华才再次得到重新出山的机会。

◇二度出山　不幸被害◇

张华二度出山之际，朝廷早已物是人非。

290年，晋武帝司马炎病逝，无能的晋惠帝司马衷继位，朝中宫廷政争愈演愈厉害。皇后贾南风在与武帝国丈杨骏的朝争中取得胜利。她尽诛杨氏党羽，执掌西晋大权。贾后是一个很有政治手腕的女人，但历代对贾后的评价都十分恶劣。惠帝即位之初，以张华为太子少傅，虽然这只是个虚衔，但张华终于摆脱有爵无职的岁月，重新获得了对朝政的发言权。贾后的统治之所以能维持多年，一个非常重要的原因就是重新起用张华，而张华确确实实在贾后统治时期成为西晋朝廷的“救火队长”。

张华为相，尽职尽责，兢兢业业，但西晋统治集团上层的生活腐化，政治混乱，世风日下，“朝野安静”注定难以持久。贾后虽私德败坏，性情暴虐，与皇太子关系紧张，不过处理朝政还能信用张华、裴𬱟和贾模等人，也不至于立马垮台。

299年十二月，贾后设计将皇太子灌醉，以太子之手写了一篇犯上谋乱的文章，然后当着晋惠帝的面在式乾殿展示给大臣们看。群臣看后，没人敢想出异议，均附合贾后的建议废黜太子。当时只有张华坚决反对，他说：“废黜太子并赐死，这是国家的大祸。自汉武帝以来，每次废黜太子，往往导致丧乱。在大晋平定天下时间不长的今天，废太子事更应慎重考虑。”尚书左仆射裴𬱟也认为应核对笔迹，以防诈妄。贾后遂将手书与太子过去奏事笔迹相对照，果然是太子所书。张华等人无言相对，但却仍坚持不可将太子处死。贾后知道难以让张华等人改变主意，遂上表把赐太子死改为废为庶人，惠帝下诏同意。

太子被废后，引起东宫将士和诸王的强烈不满。

▲ 晋武帝司马炎画像

太子少傅

官名。与太子少师、太子少保合称太子三少或东宫三少。均负责教习太子。太子太师教文，太子太傅教武，太子太保保护其安全。太子少师，太子少傅，太子少保均是他们的副职，明、清为正二品。

东宫左卫督司马雅，常从督许超等人，谋废贾后，复立太子。他们认为张华、裴安等人是个障碍，遂与赵王伦密谋此事。赵王伦与其佞臣孙秀，一向狼狈为奸，皆是野心勃勃之徒，当然不会放弃这一良机。他们先劝贾后杀了太子，借贾后之手除掉了夺权的障碍，接着又策划政变，以废贾后。在起兵之前，四月二日夜晚，赵王伦和孙秀为了使叛乱得到更广泛的支持，派司马雅去张华处说："现在国家处于危难之机，赵王想与您共匡朝政，成霸王大业。"张华知道赵王伦、孙秀等人得手后一定会有僭越篡权的逆行，毫不留情地予以否决。司马雅恼羞成怒说："刀都架在脖子上了，还敢如此说话。"遂看也不看张华就扬长而去。

贾后，名叫贾南风，即惠贾皇后。她是西晋时期晋惠帝司马衷的皇后，贾充的女儿。貌丑而性妒，因惠帝懦弱而一度专权，是西晋时期"八王之乱"的始作俑者之一。后死于赵王司马伦之手。

四月三日整整一天，张华也没有揭发赵王伦的阴谋。可见他还是赞成废黜贾后，只是不愿与赵王伦共事并直接卷入这种不忠的活动中而已。当天夜晚，赵王伦发动兵变，矫诏废贾后为庶人。他亦因对张华的宿怨新恨，以党附贾后的罪名，将张华和裴安等人收执于殿前马道南。张华责问主事的通事令史张林说："你想要害忠臣吗？"张林称诏诘责张华说："你身为宰相，太子被废，为什么不能守节廷争！"张华说："在式乾殿朝议废太子一事时，我是力谏劝阻的，这有文字记载为证。"张林问："既然劝谏未被采纳，为什么

▲ 贾南风（256~300），西晋晋惠帝司马衷的皇后

不辞去相位？”张华无言以对。过了一会儿，使者至，下达了斩张华、裴安并夷三族的命令。张华临刑前慨叹道：“我是武帝时的老臣，一片丹心。我并不怕死，只是担心今后国家的前途。”遂被杀害。

一代贤臣张华在西晋的宫廷斗争中牺牲，其两子也同时遇害。赵王伦党羽张林最后的诘问看似义正词严，其实滑稽可笑。贾后废太子时，只有张、裴二人为太子辩冤，竭力保全太子性命，一直谄事贾后的赵王伦力主废掉太子，还以此责难张华，真是贻笑天下。

张华遇害，举国惋惜。可以这么说，张华一死，再也没有一个才德威望相当的人能维持西晋大局了，西晋灭亡也是迟早的事。

▲ 张华雕像

■历史评价 I

张华不仅在政治上颇有作为，他也非常具备文学情操，其家中资财多用于购买书籍，官修书籍也多借其藏书考证，西晋多位文化名人如陈寿、左思等都与他有交往。江东著名文化人陆机、陆云兄弟对北方文人本来都不重视，但却独敬佩张华的文采，尊其为师长，张华遇害后，二人作《咏德赋》悼念他。

张华的一生大起大落，辅西晋二帝，颇多政绩，在大是大非的问题上尽已所能坚持原则，堪称一代忠良。西晋诸臣，除事迹多发生在三国后期晋吴并存时代的羊祜、杜预、王濬三人，张华堪称西晋第一贤臣。至于他身为宰相，为何不废贾后，从张华的一贯言行来看，都是为稳定大局，防止诸王搅乱朝政，最终搞得天下大乱，赵王伦废贾后之后逐步形成的全国大混乱局面（八王之乱及以后的五胡乱华），都证明他这种担忧是有道理的。

五胡乱华

东晋时期，塞北多个胡人的游牧部落联盟趁中原的西晋王朝衰弱空虚之际，大规模南下建立胡人国家而造成与中华中统政权对峙的时期。“五胡”指匈奴、鲜卑、羯、羌、氐五个胡人的游牧部落联盟。百余年间，北方各族及汉人在华北地区建立数十个强弱不等、大小各异的国家，开启了五胡十六国时期。

■大事坐标 |

232 年 出生。
270 年 被晋武帝司马炎任为中书令，加散骑常侍衔。
279 年 为伐吴度支尚书，负责伐吴后勤粮运，同时辅助武帝策划大计。
280 年 进封广武县侯，增食邑万户，另封一子亭侯，食邑 1 500 户，赐绢万匹。
291 年 参与贾后诛杀楚王玮的密谋。
300 年 被赵王伦设计陷害。

■关系图谱 |

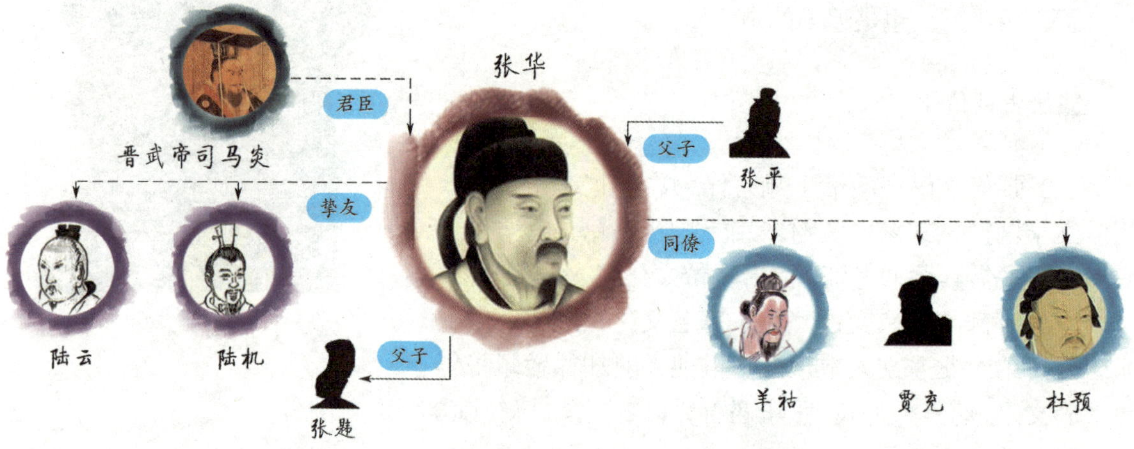

辅政东晋　平衡士族

王导

■名片春秋 |

王导（276 ～ 339），字茂弘，琅琊临沂（今山东临沂）人。王导是东晋初年的大臣，在东晋时期历侍晋元帝、晋明帝和晋成帝三代，是东晋政权的奠基者之一。琅琊王氏家族，从太保王祥以来，一直是名门望族，王祥族孙王衍累任至司空、司徒、太尉，是朝中数一数二的人物。王导是王衍的族弟。王导的祖父王览，官至光禄大夫；父亲王裁，任镇军司马。

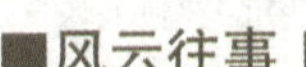

■风云往事 |

◇拥立元帝　建立东晋◇

王导在少年时代就颇有远见，陈留高士张公曾对他的从兄王敦说："你弟弟容貌志气不凡，是将相的才器。"后来，王导被任为东阁祭酒，又升为秘书郎、太子舍人，曾经参加过东海王司马越的军事行动。

王导和司马懿的曾孙、琅砑王司马睿很合得来。307 年，晋怀帝任命司马睿为安东将军，出镇建邺（后改称建康，即今南京）。王导随同南渡，任安东司马。他主动出谋划策，联合南北士族，拥立司马睿为帝

祭酒

古代主管国子监或太学的教育行政长官。战国时荀子曾三任稷下学宫的祭酒，相当于现在的大学校长。

（即历史上的晋元帝），建立东晋。王导后来官居宰相，总揽元帝、明帝、成帝三朝国政，其兄王敦都督江、扬六州军事，拥兵重镇，王氏家族在当时可谓权倾天下。当时有“王与马，共天下”之说。王导出身于中原著名士族，是老练的政治家，是东晋朝的实际创造者。晋元帝向来缺少才能和声望，在东晋皇室中又是疏属，他能够取得帝位，主要靠王导的支持。晋元帝因此把王导比作自己的“萧何”，极为倚重。当然，王导辅助司马睿在长江流域建立汉族政权之后，有效地抵抗了北方少数民族的侵入，经济和文化也逐渐得到发展。

自东晋至陈亡的近300年间，南方经济实力稳步上升，文化更是远远超过北方，这与东晋和南朝在历史上所起的积极作用密不可分。从一定程度上讲，首先创立东晋政权的晋元帝和王导是有功的。

◇南北士族　绥抚新旧◇

在政治上，王导首先“绥抚新旧”，也就是善于调和新来的北方（中原）士族和旧居的南方（江东）士族之间的矛盾。东晋建国之前，正值“八王混战”，当匈奴、羯起兵反西晋，黄河流域陷入大混乱的时候，中原一部分士族和民众渡江避乱。王导曾劝司马睿选取北方名士百余人作属官，使他们有个安身之地。当时知名的有：前颍川太守刁协、前东海太守王承、江宁令诸葛恢、历阳参军陈頵、前太守庾亮等。但也有不少人对东晋的未来持怀疑态度。例如，桓彝初到时，看到司马睿势力单薄，很为担心，他对周顗说：“我因为中原多故，想到江南寻个安身立命之地，不料朝廷如此微弱，怎么办才好呢？”当王导和他纵谈形势以后，他的态度有了变化：“我见到了‘管仲’，不再忧虑了。”有一次，诸名士在长江边一个亭上宴会，周顗叹气说：“风景一样好，可是抬眼只见长江，不见黄河。”在

八王之乱

西晋时期，一场皇族为争夺中央政权而引发的动乱。291年七月二十六日，西晋王朝发生内乱，八王之乱开始。西晋皇族中参与这场动乱的王不只八个，但八王为主要参与者，且《晋书》将八王汇为一列传，故史称“八王之乱”。其最终结局是东海王司马越夺取大权。“八王之乱”对西晋的统治造成了严重破坏，被认为是导致西晋灭亡的原因之一。

座的听了都哭了起来。王导正色劝导说，大家正应该出力辅助王室，恢复中原，何至于像“楚囚”一样相对哭泣！名士们听了都备感羞愧。事实上，王导并无恢复中原的意图，不过他能如此劝慰诸名士，比起诸名士显得有见识。这批流亡士族在王导率领下逐渐趋于稳定。

▲ 晋元帝司马睿（276~323）

西晋灭吴以后，南北士族之间仍然界限分明，矛盾很深。北方的士族大夫们多官居显位，而南方士族，只是徒有虚名，并无实权。这样一来南方士族就有了抱怨。王导为了联络南方士族，常常学说江南的方言。以说洛阳话为正统的北方士族，曾讥讽他没有什么特长，只会说些吴侬软语罢了。王导曾向一位陆姓的南方士族请婚，被对方推辞说：“小山上长不了大树，香草臭草不能放在一起，我不能开乱伦的先例。”江南望族有两种，一为文化士族，一为武力强宗，前者比较容易笼络，后者则思想固化很难听进别人劝告。义兴郡（今江苏宜兴）的周玘就是江南最大的强宗之一。他因为听信别人的挑拨，准备起兵执政，以南方士族取代北方士族。阴谋败露后，他忧愤发病，死时嘱咐儿子周勰说：“我是被那些伧父（南人对北人的蔑称）气死的，你要为我报仇，才是我的儿子！”周勰秉承父志，预谋起兵攻王导等人。周勰的叔叔周札知道后并不同意，但周勰的族兄周续聚众响应。司马睿拟发兵征讨，王导说：“少发兵不足平乱，多发兵则朝廷空虚，周续有个族弟叫周莛，忠义有谋，用这个人的力量可以除掉周续。”周莛被派去后，果然用计杀掉周续。事平之后，朝廷任周札为吴兴太守，周莛为太子右卫率，对周勰则依旧采用了安抚政策。这就是说，为了争取南北士族之间的相对平衡，王导当时基本上采取了忍让态度，而且取得了一定成效。

纪瞻（253~324），拥戴晋元帝即位的重臣，也被晋明帝称为可以依靠的十位大臣之一。

王导调和南北士族矛盾，争取相对平衡的关键在于经济利益。南方各级士族，具体上就是各级地主，其中强宗大族，如吴郡顾氏、义兴郡周氏，都是当地有名的大地主，他们不允许北方士族侵犯其利益。与此同时，王导又实行“侨寄法”，即在南方士族势力较弱的地区，设立侨州、侨郡、侨县。侨州多至司、豫、兖、徐、青、并等六州，侨郡、侨县为数更是繁多。这些侨州、郡县、大都在丹阳、晋陵、广陵等县境内，形势上可以确保建康的安全。名义上是安置北方逃来的士族和民众，实际上是让北方士族凭借势力在寄居地继续剥削奴役逃亡民众，逼迫他们当奴隶或佃客，为自己创立新产业。侨州、郡、县有大量的各级文武官职，当时是流亡士族可选择的出路。“侨寄法”虽然是紊乱行政系统、加深人民苦难的恶劣制度，但对东晋政权说来，却是安置流亡士族、缓和南北士族矛盾的重要措施。同时，这些措施也开垦繁殖了一些地广人稀、荒凉贫瘠的地区，对于这些地区经济的发展起到至关重要的作用，促进了这些地区农业经济的繁荣发展。

▲ 王导画像

◇维系伦纪 义固君臣◇

王导在政治上的另一项措施是“维系伦纪，义固君臣”，也就是缓和王氏势力和司马氏势力之间的关系。318 年，晋元帝即位受百官朝贺时，再三请王导同坐御床受贺，王导再三辞让不敢当。原来晋元帝除了姓司马以外，没有其他任何实力。他在政治上完全依靠王导，军事上完全依靠王敦，重要官职多被王氏占有。作为一个开国皇帝，要请一个大臣同坐受贺，足以看出自己的底气是多么不足。

323 年，晋元帝病死，晋明帝司马绍继位，由王导辅政。325 年，晋明帝病死，幼主成帝司马衍继位，王导与外戚庾亮辅政。当时的历阳 (今安徽和县) 内史苏峻又从淮南举兵攻打建康。后被王导派兵消灭，收复了建康。可见，王导是坚持维护司马氏政权的。

339 年，王导病逝。王导、庾亮相继死后，朝野忧惧。当时，东晋的确又遇到一次危机，就是桓温的篡夺事件，不过由于王、谢两大士族的抵制，桓温的野心未能实现。桓温死后，谢安执朝政。桓温的弟弟桓冲做荆州刺史，与谢安同心保护东晋皇室。东晋朝出现前所未有的和睦景象，是和谢安完全继承王导力求各大士族势力平衡的“镇之以和静”的做法分不开的。这也说明王导在保持东晋偏安的政治措施上产生了积极影响，发挥了巨大作用。

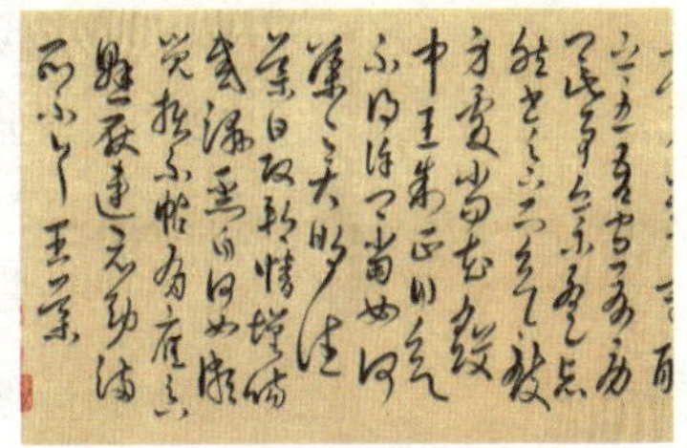

▲ 王导墨迹

■历史评价 I

王导辅佐朝政的关键就是收揽一批北方的士族做骨干，联络南方士族做辅助，自己作为南北士族的首领；但是由于北方士族与南方士族之间、王氏与司马氏之间都存在着矛盾，不将这些矛盾调和好，就不可能建立东晋朝。王导一生的事业就是调和这些矛盾，因而造成东晋偏安江东的局面。这个局面也是王导和晋元帝所专注和希望的。至于北伐恢复中原，虽然当时有祖逖等名将积极主张，而且祖逖曾率部曲百余家渡江北上，在淮阴铸造兵器，募兵得 2 000 余人，屡次击败石勒军，收复黄河以南大片土地，但祖逖后来并未得到王导和晋元帝的支持和信任，以致忧愤而终。这也是王导的政治思想中的负面影响。

■大事坐标 I

276 年　出生。

307 年　随同司马睿南渡，任安东司马。

313 年　迁任丹杨太守，加辅国将军，后又拜宁远将军，再加振威将军。

319 年　代替贺循为太子太傅。设立机构，令当时典籍颇为齐全。

322 年　王敦在武昌起兵，以诛刘隗为名发动叛乱，被司马睿任命为前锋大都督，对抗王敦。王敦不久便攻陷建康，自任丞相专掌朝政。后加任尚书令。同年，司马睿因王敦之乱忧愤而死，遗诏王导辅政。太子司马绍继位后，王导解任扬州刺史，改拜司徒。

325 年　与中书令庾亮和尚书令卞壸共同辅政司马衍，辅政期间以宽厚谦和而得人心。

338 年　被司马衍任命为太傅、都督中外诸军事。不久担任丞相。

339 年　逝世。

■关系图谱 |

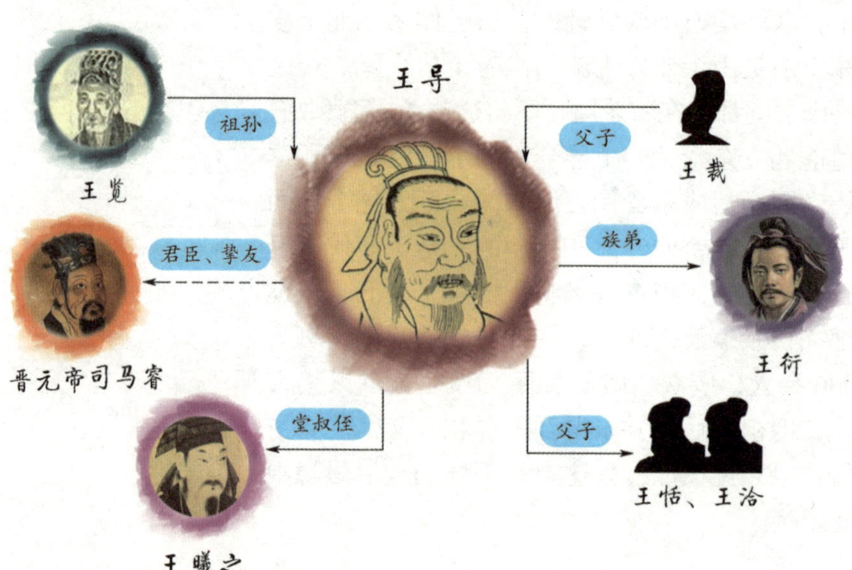

风流东山　娴雅明断

谢安

■名片春秋 |

谢安（320 ~ 385），字安石，号东山，陈郡阳夏（今河南太康）人。东晋政治家、军事家。东晋时期，历任吴兴太守、侍中兼吏部尚书兼中护军、尚书仆射兼领吏部加后将军、扬州刺史兼中书监兼录尚书事、都督五州、幽州之燕国诸军事兼假节、太保兼都督十五州军事兼卫将军等职，死后被追封太傅兼庐陵郡公。世称谢太傅、谢安石、谢相、谢公。

■风云往事 |

◇入隐东山　无意仕途◇

永嘉之乱后，谢氏家族随元帝东迁渡江而来，是当地的名门望族。谢安的伯父谢鲲在西晋末年曾是东海王司马越的相府参军，过江后死在豫章太守任上，他也是“江左八达”之一。东晋初年，谢安的父亲谢裒，官至太常卿。谢氏的地位因谢鲲、谢裒兄弟的业绩而不断上升，但使谢家名望达到顶峰的还是谢安。

当时谢氏家族中，谢安兄弟辈中有很多人已做了高官。有一次，谢安的夫人刘氏指着那些富贵的

江左八达

“八王之乱”后，黄河以北的国土尽数沦陷，东晋政权偏安江东一隅。古时称东吴地区为“江东”或“江左”，这一带经济发达，人文荟萃。当时东海王司马越大权在握，谢鲲等名士在府中从事，也因此声名鹊起。后来，随着局势的发展，谢鲲于309年，到豫章王敦将军府任长史、幕僚。谢鲲南来后，与当世名士毕卓、王尼、阮放、羊曼、桓彝、阮孚、胡毋辅之等人常在一起，淡看功名，凡事模棱两可，以避灾祸。他们轮流坐庄，饮酒放诞，大呼小叫，高谈阔论，张扬个性，时人称为“江左八达”。

▲ 北京故宫博物院所藏《东山丝竹图》，描绘谢安隐居东山时与朋友游玩的景象

本家兄弟悄悄跟他开玩笑："大丈夫难道不应该这样吗？"谢安听罢，手掩鼻口说："我恐怕也会走这条道路。"

尽管他知道自己终究要走这条道路，却仍旧多次拒绝了朝廷的征召。他在今南京城东 30 里的一个土山上造屋，依会稽东山的名字把此山也称为东山。当时有人很有感慨地说："安石不肯出，天下百姓可怎么办呢？"但也有人认为谢安的行为是对朝廷的大不敬，竟连续几次弹劾他，并要朝廷对他施加禁锢，限制活动自由。面对外界的种种非议，谢安依旧稳如泰山，我行我素，根本不屑一顾，直到他的弟弟谢石出事，他才"东山出仕"，"东山再起"。

谢石是西中郎将，并监管青、豫、冀、并四州军事，但他为人性格孤傲，不体恤下属。谢安虽然多次劝说，他仍不听忠告，最后终于在一次战斗中兵败而遭到废黜。谢石被废黜后，谢安为了保持家族地位，更为施展自己的才学，才决定步入仕途。他最初担任桓温征西大将军府的司马，后任吴兴太守、侍中、吏部尚书、中护军，直至宰相，短短数年间，谢安由一介文士变成一人之下万人之上的有名宰相。可谓仕途顺利，一路高升。

◇团结异己　维护朝廷◇

376 年，孝武帝司马曜亲政后，任命谢安为中书令，录尚书事；第二年又加授他为侍中，都督扬、豫、徐、兖、青五州诸军事。谢安执掌起了东晋的军政大权。虽然外姓篡权的危机已经过去，但东晋政权仍面临着严重的内忧外患。内部皇族与世家大族之间的矛盾、世家大族互相之间的矛盾一直没有消停过；外部却又受到已统一了北方的前秦威胁。

中书令

官名。汉武帝时以宦官担任中书，称中书令，置令与仆射为其长，掌传宣诏命等。中书令、尚书令在西汉并置，与谒庭令、内者令等官都由士人担当。

真可谓是一波未平，一波又起。

自古以来，战争只会加重百姓的负担，增加百姓的痛苦，但东晋在备战前秦之际，却在宰相谢安的主持下采取了一系列减轻百姓负担的措施，同时进行了制度上的改革。在他执政后，每遇水旱灾害，朝廷必会减免租税。379 年，谢安还下令御供从俭、百官俸禄减半，停止一切非军国要事的差役和费用。其中在 376 年和 381 年进行了最重要的两次改革：第一次解除收租制和解除劳役；第二次改制度，减烦费，削减吏士 700 人。这两次改革受到百姓的一致好评。通过改革，不仅减轻了人民的负担，而且集中了国家的物力、财力，有利于做好御敌准备。

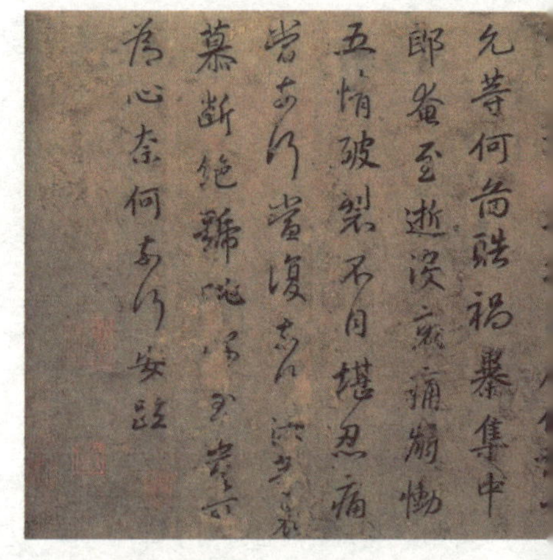

▲ 谢安书法作品《八月五日帖》

为了抵御前秦的进攻，谢安还进行了诸多军事准备。他派谢玄镇守广陵（今江苏扬州），在南迁士族和民众之中选拔精壮者组成了勇猛善战的“北府兵”，并以刘牢之等为将领。他们进可攻，退可守，以逸待劳，在长江北岸紧紧守卫着京师大门。另外建立侨郡、侨州，平时北府兵务农以充军粮，闲时习武，组成了军事后备力量。这些人一部分守卫庄寨，一部分拱卫京城，在长江以南随时做好御敌准备。此外，桓冲在长江中游驻守，防止前秦从中线南下。这就形成了京师、广陵、夏口的三方合力，谢安自己坐镇京师，遥控全局。正因为他事先已做了精心的部署，所以在后来战火燃起，情势危急的时候才能临危不惧、处变不惊。正因如此，后世评价谢安是能够将名士风度与儒将气质完美地结合在一起的伟大奇才。

▲ 临戴进谢安东山图

由于谢安的正确决策和精心治理，东晋出现了空前稳定的局面，甚至连前秦的有识之士也不得不承认，东晋虽然衰微，但不曾“丧德”，君臣和睦，上下同心，谢安、桓冲是江南的伟才、东晋的能人。

淝水之战

发生于公元383年，是东晋时期北方的统一政权前秦向南方东晋发起侵略吞并的一系列战役中具有决定性的战役，结果有绝对优势的前秦败给了东晋，国家也因此衰败灭亡，北方各民族纷纷脱离前秦的统治，先后建立了10余个小国。而东晋则趁此北伐，把边界线推进到了黄河，并且此后数十年间东晋再无外族侵略。

◇运筹帷幄　决胜千里◇

383年，前秦百万大军向晋军发起进攻，淝水之战由此拉开序幕。苻坚令弟弟苻融率步骑25万人为前锋，指向淮南；以羌族人姚苌为龙骧将军，督益梁诸军事，顺流东下；他自己率领步兵60多万，骑兵27万，从长安出发，前后绵延数千里，旗鼓相望，向南进发。

东晋军与前秦军在淝水两岸相峙而立。秦军先锋虽然新败受挫，但兵力仍是晋军的几倍，而且主力正不断到达，形势对晋军来说依然很严峻。东晋将帅经过精密策划，想出了一条妙计。谢玄派使臣告诉苻融说："你们孤军深入，却在这淝水岸边扎营布寨，这样一直两军对峙也不是办法，何不速战速决，来个痛快。如果你们稍微向后退一退，在岸边腾出一块空地作战场，让我们渡过淝水，与你们一决胜负，岂不是更好的策略？"苻坚也有自己的想法，他觉得答应对手的要求也未尝不可，等晋军渡河到一半时，便可以发动铁骑冲杀，杀他个措手不及。于是下令后撤。没想到，前秦一退，奸细朱序又夹在秦兵中大声呼喊："秦军败了！秦军败了！"前秦大部分士兵是被强迫征来、本就无心应战，他们早已力竭身疲，此时更是乱作一团，不可收拾。东晋军队借机大举进攻，于乱军中杀死前秦前锋主帅苻融，苻坚也被乱箭射中。前秦部队溃不成军，争相逃命，自相践踏，死伤遍地。不少士兵听到风声鹤唳，都认为是东晋的追兵赶到，更加慌不择路，日夜狂奔。苻坚后在慕容

▲苻坚（338~385），前秦世祖宣昭皇帝

垂的护卫下回到洛阳，淝水之战以前秦的惨败画上了句号。

淝水之战的捷报送到京城时，谢安正悠闲自得地与客人下棋。他拿过捷报一阅，便随手放在一边，继续下棋，就好像什么也没有看到一般。看到他如此镇定，客人却忍不住了："前方战事怎么样啊？""我们已打败了敌人。"他依旧从容安详，这便是他的心胸涵养。然而，下完棋送客人走后，谢安再也抑制不住自己兴奋的心情，返回内室的时候，竟忘了迈门槛、把拖鞋底部的木齿都撞断了。谢安曾多年研习兵书，并掌握了大量有关前秦政治、军事及人物心理，贤愚忠奸等方面的情况，可谓"知己知彼"。当秦军以黑云压顶之势扑向东晋时，谢安的实践充分证明了孙子的名言："将不在勇而在谋，兵不在多而在精。"淝水之战在谢安的指挥下获胜是必然的。

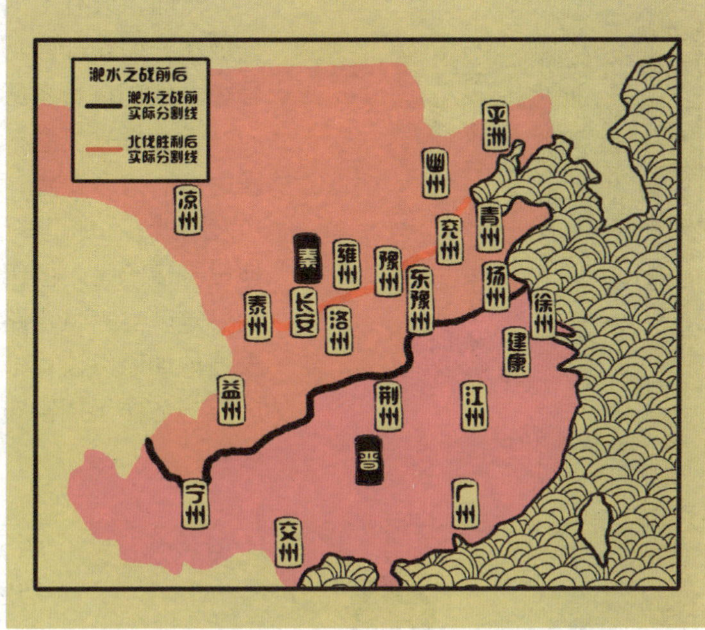

▲ 淝水之战到北伐时期的南北形势图

◇风流宰相　千古留名◇

淝水之战的胜利，使东晋的危机化险为夷，谢氏家族的政治地位也随之达到了顶峰。朝廷加封谢安为太保、诏加都督十五州诸军事，任谢玄为荆、江两州刺史，但谢安认为谢家父子名位过盛、桓氏失位会招来怨恨，所以建议让桓石民、桓石虔、桓伊等人担任荆州、豫州等州刺史，结果"彼此无怨"。谢安的风范已受到了世人的敬仰，关于他的佳话遍地传说。

太保

古代官职名。西周始置，监护与辅弼国君之官。清代为正一品文官，即太师、太傅、太保、大学士。

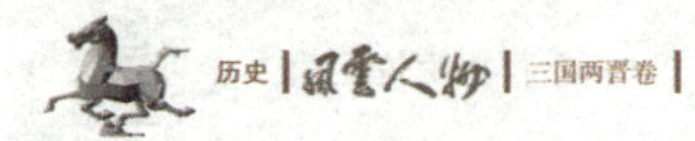

▲ 谢安致谢万的亲手书信

然而，天有不测风云。淝水之战的烟火还未完全散尽，谢安却因功名极盛遭到了一些阴险小人的忌嫉。他们在晋孝武帝跟前进谗言，使这个业已成人，一心想兴复皇权的酒肉皇帝对宰相谢安有了猜嫌之意。为了避嫌，谢安被迫离开京城，举家搬到广陵附近，在那里修了一座陋府，美其名曰“新城”。他虽身遭陷害，但仍挂念着朝廷，他希望等朝廷稍稍稳定就辞官从水路重返他的会稽乐土。可惜，还未等他如愿以偿，他的身体就撑不住了。谢安先对广陵防务作了周密布置，然后才请求朝廷准他回京治病。

▲ 谢安画像

当谢安的车辇缓缓驶进建康西州门的时候，病卧车中的谢安伤感地对亲近之人说：“以前桓温在的时候，我常担心自己不能保全。忽然有一次梦到坐桓温的车走了 16 里，见到一只白鸡才停下来。坐他的车，预示我替代他的职位；16 里，意味着我代居宰相 16 年而止；白鸡主酉，如今太岁在酉，我的病恐怕是好不了了！”于是，他请求辞官。几天后，谢安病卒于京都建康（今江苏南京）。

■历史评价 |

“旧时王谢堂前燕，飞入寻常百姓家。”东晋谢家的府第车马、权力、财势都随历史的烟云而消散，但历史会永远记住谢安的功业和英名，记住他的贡献。谢安多才多艺，善行书，通音乐，对儒、道、佛、玄学均有较高的素养。

他治国以儒、道互补；作为高门士族，能顾全大局，以谢氏家族利益服从于晋室利益，这与王敦、桓温之徒形成了鲜明对照。他性情娴雅温和，处事公平，不专权树私，不居功自傲，有宰相气度、儒将风范，这些都是谢安为人称道的品格。南宋著名思想家陈亮就曾将王导、谢安并提，明清之际的王夫之也对谢安的功业给予了充分肯定。谢安作为东晋名士，朝廷良辅，深为后人仰慕。作为一位优秀的政治家和军事家，谢安当之无愧。

■大事坐标

320 年　出生。

360 年　担任桓温征西大将军府的司马一职。

371 年　被任命为侍中，不久又升任为吏部尚书。

373 年　被任命为尚书仆射兼吏部尚书。数月后，又兼总中书省，实际上总揽了东晋的朝政。

384 年　因淝水之战胜利，被朝廷加封为太保、诏加都督十五州诸军事。

385 年　病卒于京都建康。

■关系图谱

玉璧成名　两朝名将

韦孝宽

■名片春秋 |

韦孝宽（509～580），名叔裕，字孝宽，京兆杜陵（今陕西西安南）人。南北朝时期西魏、北周杰出的军事家、战略家。他广读经史，足智多谋，攻守兼备，善于用计，在战胜东魏、攻灭北齐的战争中起了重要作用。韦孝宽20岁时，萧宝寅叛乱，他请为先锋前去征讨，朝廷即以他为统军，随长孙承业西征，屡有战功，拜国子博士。北周时，官至大司空、延州总管、上柱国。

■风云往事 |

◇文韬武略　一战成名◇

韦孝宽家庭环境良好，祖上世代为官，他的祖父韦直善在北魏时期做过郡守；父亲韦旭，曾做过武威郡守，后官至辅国将军、南豳州刺史。

534年四月，韦孝宽随宇文泰赴雍州，攻克潼关后，任弘农郡守。之后他又跟随宇文泰擒窦泰，做了左丞相，管理宜阳的军事。

539年，韦孝宽加封为侯。三年后，韦孝宽转任晋州（今湖北晋州）刺史。546年八月，并州刺

左丞相

官名。春秋末齐景公置左、右相各一人。战国时秦武王始置左、右丞相各一人。秦统一后，仍以丞相为百官之长，有两人时，分为左右，以左为上。西汉惠帝、高后时亦有左右丞相，文帝后只置丞相一人。北齐、北周也有左右丞相。唐武后曾改尚书左右仆射为文昌左右相。玄宗开元时又改左右仆射为左右丞相，但不理政事，并不是宰相。天宝时仍恢复仆射原名。而改侍中为左相，中书令为右相，后亦复旧。南宋、元及明洪武十三年（1380）前，都有左右丞相，为执政的实际宰相。

史王思政转任荆州（今湖北荆州）刺史，他向皇上推荐韦孝宽接替他的职位，于是韦孝宽率军7万人镇守玉璧（今山西稷山西南），同时进授大都督。不久，东魏丞相高欢举山东之兵力自邺城（今河北临漳西南）出发，向西魏大举进攻，发动了玉璧之战。玉璧处于汾水的下游。西魏设在这里的要塞对东魏管辖下的晋州威胁很大，所以高欢决定先攻玉璧。九月，东魏军连营数十里，包围玉璧，以引诱西魏军出战。韦孝宽据城固守。十月，东魏军攻城，昼夜不停。韦孝宽则随机应变，竭力抵抗。东魏军在城南筑土山，欲居高临下攻城。韦孝宽于是缚木加高城楼，始终高于东魏军筑起的土山，并准备了更多的作战武器，使东魏军的计策落空。东魏军遂改变战术，在城南挖掘10条地道，集中兵力攻击北城，昼夜不息。北城一直处于作战的关键位置，韦孝宽于是挖掘长沟，切断东魏军的地道，并派兵驻守，待东魏军挖至深沟时，即将其擒杀。韦孝宽又在沟外堆积木柴，备好火种，发现东魏军在地道中潜伏，便将木柴塞进地道，投火燃烧，还借助牛皮囊鼓风，烈火浓烟，吹入地道，地道中的东魏士卒被烧得焦头烂额。东魏军又造“攻车”撞击城墙，所到之处，尽被摧毁。韦孝宽便用布匹做成帐幔，随其所向张开，攻车撞之，布匹受冲击立即悬空，城墙未受损坏。东魏军又把干燥的松枝、麻秆绑到长杆上，灌以膏油燃火，去焚烧帐幔，企图连玉璧城楼一起焚毁。韦孝宽则把锐利的钩刀也绑到长杆上，等火杆攻击时，即举起钩刀割之，把正点燃的松枝、麻秆全部割掉。东

▲ 高欢（496~547），北朝齐国皇帝

魏军又转用地道，在城四周挖掘地道 20 条，用木柱支撑，然后以油灌柱，放火烧断木柱，使城墙崩塌。韦孝宽在城墙崩塌处用栅栏堵住，阻断了东魏军的进城之路。

东魏军想尽各种办法，但皆被韦孝宽阻止，而且还守城有余。高欢攻城不下，遂派人劝降，但被韦孝宽拒绝。高欢又把韦孝宽的侄子韦迁锁到城下，把刀放在他脖子上，对韦孝宽说："若还不投降，就杀了他。"韦孝宽仍旧不投降。

高欢攻城整整 50 天，士卒死亡 7 万人，他用尽心计，精疲力竭，也没有成功，急得旧病复发。当时有陨石坠入东魏军营中，东魏军惊惧，高欢赶紧解除对玉璧的包围，撤军退回。高欢回到晋阳后，一病不起，第二年就死去了。

玉璧之战是我国古代城邑保卫战中以少胜多、以弱制强的著名战例。作战中，韦孝宽足智多谋，及时应变，指挥果断，纵使高欢用尽浑身解数，也未能攻克玉璧。西魏皇帝特派殿中尚书长孙绍远、左丞相王悦前去慰问，并晋升韦孝宽为骠骑大将军，进封建忠郡公爵，以此作为对他的奖励。

◇古稀之年　奉命出征◇

557 年，宇文觉取代西魏称帝，是为孝闵帝，国号周，史称北周。韦孝宽官拜小司徒。后来，韦孝宽做了麟趾殿学士，考校图籍。

560 年，宇文邕即帝位，是为周武帝，但朝政还是由晋公宇文护把持。周武帝认为韦孝宽玉璧之战中有功，在玉璧置勋州，并以韦孝宽为勋州刺史。北齐派使者到玉璧，请求两国互通有无，加强交流。晋公宇文护认为两国相战已久，互不往来，而且皇姑和宇文护的母亲皆在北齐，此时北齐忽然派人来求交易，所以怀疑北齐别有用心，于是派门下大夫尹公正至玉璧，与韦孝宽商讨对策。韦孝宽在郊外

宇文护（513~572），南北朝时期北周权臣。一名萨保。代郡武川（今内蒙古武川西）人。鲜卑族。宇文泰之侄，宇文泰长兄宇文颢第三子。早年跟随宇文泰征战，在与东魏的交战中屡建战功。

设置供帐接待了北齐使者，谈及皇姑和宇文护母亲的事，北齐使者和颜悦色。当时正好有汾州胡人抢掠到关东人，韦孝宽把他们全部放回去，并给北齐写信，同意两国之间的交易，北齐也派人将皇姑和宇文护的母亲送回北周。

韦孝宽善于抚慰部下，深得人心。韦孝宽善于用间谍，他所派往北齐的间谍，都尽心效力，无叛变者，也有北齐人得到他的财物，与他遥通书信。所以，北齐的一举一动都为北周所掌握。韦孝宽手下有一个主帅许盆，被视为心腹，他奉韦孝宽之命去镇守一城，领命后却投降北齐。韦孝宽大怒，派间谍前去刺杀，许盆很快就丧命了。

560 年闰九月，韦孝宽晋位柱国。

561 年三月，韦孝宽晋封郧国公。

569 年，晋公宇文护欲东讨北齐，韦孝宽认为时机不到，并派人前去劝阻，但宇文护并未采纳。北周出师后，果然战败。

▲ 韦孝宽作战图

575 年，北周武帝宇文邕想要灭齐，统一北方。韦孝宽上书进献了三种计策。周武帝完全采纳韦孝宽的建议，先派人带重金访问北齐，然后再向北齐展开进攻，至 577 年正月，周武帝灭北齐，统一了中国北方。

当时韦孝宽认为自己已年近 70 岁，便屡请辞官，但周武帝认为天下尚未统一，没有同意。后韦孝宽又称病，周武帝还是不让他辞官。

578 年，周武帝去世，宣帝继位。九月，韦孝宽进位上柱国。579 年，韦孝宽为徐兖等十一州十五镇诸军事、徐州总管。580 年，韦孝宽分兵进击关东各地降附尉迟迥的势力，彻底平定了尉迟迥之乱。十月，韦孝宽凯旋回京。十一月，韦孝宽去世，追赠太傅、十二州诸军事、雍州牧，谥号襄公。

太傅

古代职官。位列三公，正一品位，处于专制统治阶级的核心位置，直接参与军国大事的拟定和决策，是皇帝统治四方的高级代言人。周代设置，为辅弼天子之任。汉代复置，次于太师，春秋时期为国王的辅佐大臣，掌管礼法的制定和颁行，三公之一；齐国和楚国设太傅。秦朝废止。西汉曾两度短暂复置该职位；东汉则长期设立。历代沿置，多用为大官加衔，无实职。

■历史评价 |

韦孝宽戎马一生，战功赫赫，玉璧之战显示出了他的足智多谋和超凡的军事指挥才能。韦孝宽喜欢阅读各种经史书籍，即便是晚年患眼疾，没办法自己阅读，也仍让学士给他读书，可谓孜孜不倦。他还很孝顺，早年即丧父母，所以侍奉兄嫂特别谨慎，所得俸禄，也不入私房。他对朝廷忠心耿耿，在战胜东魏、攻灭北齐的战争中发挥了重要作用。

■大事坐标 |

509 年　出生。
528 ~ 530 年　官至宣威将军。
531 ~ 532 年　任都督，随荆州刺史镇守襄城。
534 年　随宇文泰赴雍州，攻克潼关后，任弘农郡守。
537 年　攻克东魏的豫州城，俘获豫州刺史冯邕。
539 年　晋爵为侯。三年后，韦孝宽转任晋州刺史。
560 年　宇文邕即帝位，是为周武帝。周武帝在玉璧置勋州，并以韦孝宽为勋州刺史。
561 年　晋封郧国公。
579 年　任徐兖军十一州十五镇诸军事、徐州总官。
580 年　平定尉迟迥之乱。同年去世，追赠太傅、十二州诸军事、雍州牧，谥号襄公。

■关系图谱 |

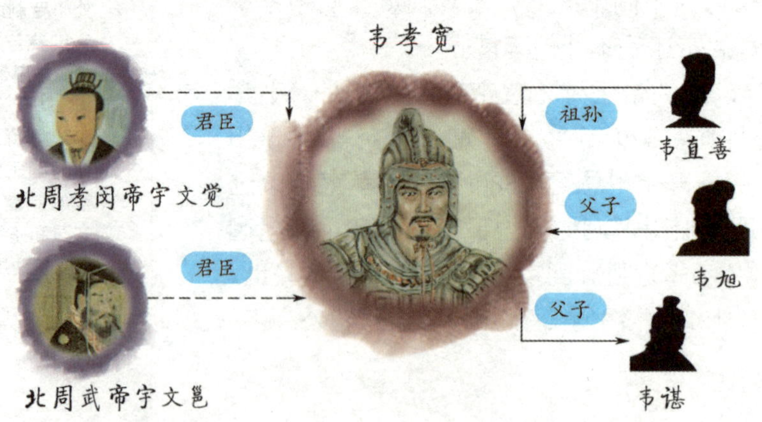

第三编

文化名人篇

三国两晋南北朝时期，江南迅速开发，中原发展相对缓慢。黄河流域曾是中国经济发展的中心，秦汉时期，南北方经济发展差距很大。到魏晋南北朝，由于大规模的战乱多发生在北方并且时间持续很长，使得北方经济遭到严重破坏。而南方则相对稳定，经济发展迅速。这样南北经济开始趋于平衡，以北方黄河流域为重心的经济格局开始改变。经济的发展使这一时期的文学艺术也上了一个新台阶。诗词歌赋、书法绘画、玄学及文学艺术领域异彩纷呈，出现了一些颇具特色的代表人物，如文学家、玄学家夏侯玄，山水诗的鼻祖谢灵运，成就《兰亭序》的一代书圣王羲之，西晋著名文学家、《平复帖》作者陆机，杰出的辞赋家与散文家陶渊明，晋代著名女书法家卫铄等。

笔落文学　精通玄理

夏侯玄

■名片春秋 |

夏侯玄（209 ~ 254），字太初（一作泰初），豫州沛国谯县（今安徽亳州）人，三国时期魏朝的文学家和玄学家。他是征南大将军夏侯尚的儿子，年轻时就很出名，20 岁时就做官了。30 岁时做了辅政大臣，因为他也是曹爽的亲族，受曹爽提拔，曾被任命为征西将军、都督雍、凉州诸军事，后被司马懿所杀。夏侯玄以玄学辅政，著有文集 3 卷传于后世。

■风云往事 |

夏侯玄是夏侯尚的儿子，年纪轻轻就很有名气，20 岁时就出任散骑侍郎、黄门侍郎的职位。夏侯玄曾经在觐见魏明帝曹叡时，和皇后的弟弟坐在一起，朝臣们以为夏侯玄有失礼仪，皇后的弟弟露出了不高兴的表情。魏明帝曹叡因此将他降职。

239 年，曹芳继位，曹爽开始辅政。夏侯玄是曹爽姑母的儿子，因此又被提拔重用，官至散骑常侍、中护军。夏侯玄曾以书信的方式与司马懿讨论时事，在官员的选拔方面提出了很多建议。不久，夏侯玄转任征西将军，假节都督雍、凉州诸军事，

散骑侍郎

官名。汉有散骑，为皇帝侍从，与中常侍的性质相同。东汉省散骑，改以宦官任中常侍。魏文帝并散骑与中常侍为一官，如称散骑常侍，以士人任职。入则规谏过失，备皇帝顾问，出则骑马散从。资深者称祭酒散骑常侍。魏末增加员额，新增者为员外散骑常侍。晋武帝令员外散骑常侍二人，与散骑常侍共同轮流值班，称通直散骑常侍。

可以说职位和权力都比较大。

244 年，夏侯玄与曹爽一起计划攻打蜀国，发动了历史上著名的骆谷之役。结果，魏军被蜀将王平围困，粮草供应中断，牛马骡驴大量死亡，将士无力应战，饥肠辘辘，只能眼睁睁地看着蜀援军相继到达。曹爽见不能胜利，被迫听从参军杨伟的建议，率大军撤退，结果遭到蜀军的截击，魏军苦战，损伤不计其数。

249 年，曹爽一族被司马懿剿灭，夏侯玄转任大鸿胪一职，几年后又改任太常。夏侯玄因曹爽被司马懿所杀一事备受压抑，心中很不满意。当时的中书令李丰私下里仍支持夏侯玄，他结交皇后的父亲光禄大夫张缉，想发动政变，让夏侯玄辅政。于是，李丰暗中让他的弟弟李翼申请入朝，想利用他的兵力发动政变，结果却被皇帝否决。

254 年春，李丰等人想在皇帝登前殿之际，利用宫中卫兵诛杀大将军司马师，改立夏侯玄为大将军。李丰以揭发他们的过失相要挟，拉拢苏铄、乐敦、刘贤等人同谋。司马师对他们的图谋有所察觉，于是就事先找理由把李丰请过来。在会面时当即杀死李丰，然后将有关事情交刑部处理。于是，夏侯玄、张缉、苏铄、乐敦、刘贤等人都被逮捕，定罪为“勾结宦官，谋害大臣”，全部处斩并夷灭三族，其余亲戚流放于乐浪郡。夏侯玄性格刚毅，临刑时仍面不改色，举止自如。

■历史评价 |

夏侯玄比较健谈，精通玄理，是我国古代的玄学领袖。他曾撰写过《夏侯子》一书，现已失传。现流传在世的有其所作的《时事议》《答司马宣王书》《皇胤赋》《乐毅论》等文。这些文章散见于《艺文聚类》及《三国志》等书中。其中，《乐毅论》后来

大鸿胪

古代官职位，掌管诸侯及少数民族事务。秦及汉初本名典客，西汉沿设，为九卿之一。公元前 144 年，改名大行令。公元前 104 年，改名大鸿胪。成帝时，将典属国所辖职务并入。属官有行人、译官及郡邸长丞等。因所辖诸王入朝、郡国上计、封拜诸侯及少数民族首领等，多与礼仪有关，后遂变为赞襄礼乐之官，王莽改为典乐。东汉官名称大鸿胪卿。

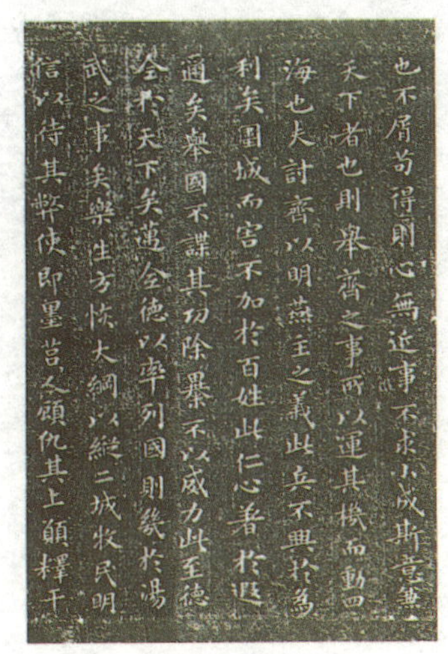
也不屑苟得則心無近事不求小成斯意兼
天下者也則舉齊之事所以運其機而動四
海也夫討齊以明燕主之義此兵不興於為
利矣圍城而害不加於百姓此仁心著於遐
邇矣舉國不謀其功除暴不以威力此至德
全於天下矣邁全德以率列國則幾於湯
武之事矣樂生方恢大綱以縱二城收民明
信以待其弊使即墨莒人顧仇其上願釋干

▲ 夏侯玄《乐毅论》

成为著名书法家王羲之的小楷名作，讲述的是战国时人乐毅官拜上将军、贤而好兵的故事。

■大事坐标 |

209 年　出生。
228 年　出任散骑侍郎、黄门侍郎的职位。
239 年　多次得到提拔，官至散骑常侍、中护军。
244 年　与曹爽一起计划攻打蜀国，发动了历史上有名的骆谷之役。
249 年　转任大鸿胪一职，后又改任太常。
254 年　因李丰事败而受到牵连被杀害。

■关系图谱 |

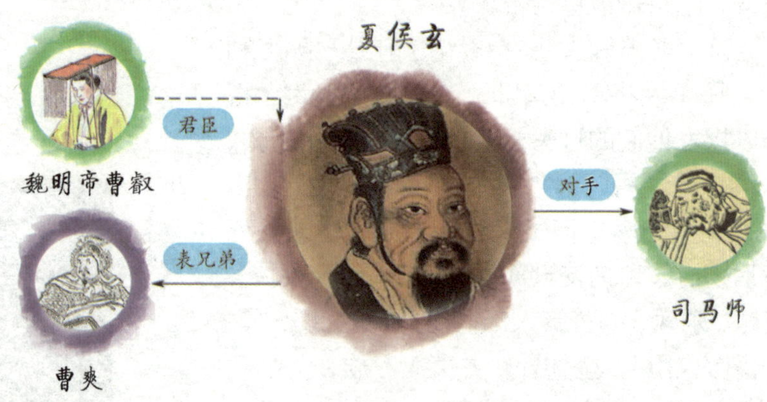

山水诗祖　思古幽情

谢灵运

■名片春秋 I

谢灵运（385 ~ 433），原名公义，字灵运，东晋和南朝宋时代的诗人，南北朝时期与陆机齐名。祖籍陈郡阳夏（今河南太康），出生于会稽始宁（今浙江上虞）。因从小寄养在钱塘杜家，故乳名为客儿，世称谢客。又因他是谢玄之孙，东晋时袭封康乐公，称谢康公、谢康，故又称谢康乐。曾出任大司马行军参军、抚军将军记室参军、太尉参军等职。刘宋代晋后，降封康乐侯，历任永嘉太守，秘书监、临川内史，后被宋文帝刘义隆以“叛逆”罪名杀害，死后墓葬于今江西万载。谢灵运是我国著名山水诗人，中国文学史上山水诗派的开创者。自谢灵运始，山水诗成为中国文学史上的一大流派。

■风云往事 I

谢灵运从小生活在钱塘（今杭州）杜明师道馆，直到 15 岁才由钱塘接回建康（今南京），住在朱雀桥边的乌衣巷内，因此巷人都叫他“客儿”，人称“谢客”。他的出身比较高贵，祖父谢玄是东晋名将，在淝水之战中和叔父谢石、族弟谢琰一起，以 8 万人马大破前秦苻坚号称的百万大军，维护了东晋偏

▲ 谢灵运画像

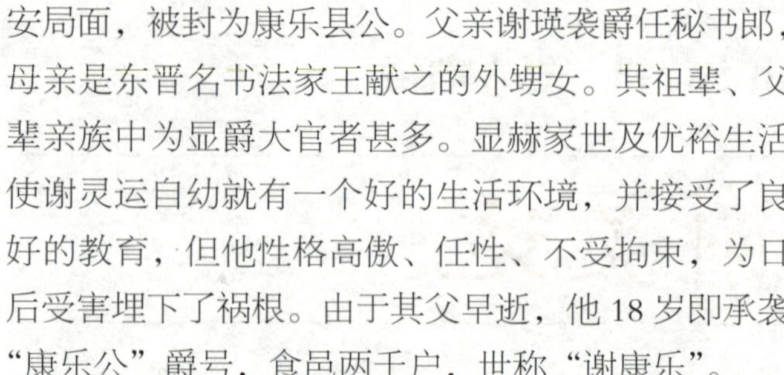

安局面，被封为康乐县公。父亲谢瑛袭爵任秘书郎，母亲是东晋名书法家王献之的外甥女。其祖辈、父辈亲族中为显爵大官者甚多。显赫家世及优裕生活使谢灵运自幼就有一个好的生活环境，并接受了良好的教育，但他性格高傲、任性、不受拘束，为日后受害埋下了祸根。由于其父早逝，他 18 岁即承袭“康乐公”爵号，食邑两千户，世称“谢康乐”。

秘书丞

官名，专指古代掌管文籍等事之官。

405 年，谢灵运开始踏上仕途。因恰逢乱世，故其政治生涯必定也会坎坷不平。他初任琅琊王大司马行参军，次年转为抚军将军刘毅的记室参军。411 年，刘毅反对刘裕兵败自杀，谢混也被诛杀。谢混乃谢安之孙，谢灵运的族叔。刘裕没有深究谢灵运与他们之间的关系，反而起用他为太尉参军（当时刘裕官居太尉），次年改为秘书丞，但不久即被免官，赋闲三年。416 年，再度出仕，为骠骑将军刘道怜的谘议参军，不久转为中书侍郎，后来做了世子中军谘议、黄门侍郎。418 年，谢灵运任相国从事中郎。

▲ 谢灵运画像

422 年，宋武帝刘裕驾崩，太子即位，称少帝，年仅 17 岁。但当时把持朝政的是徐羡之、傅亮、谢晦等几个大臣。这几个大臣把弄权柄，依靠手中的权力在 424 年废少帝义符。不久，义符和他的二弟义真均遭杀害。义符的三弟义隆登基后，称宋文帝，改元“元嘉”。三年后，文帝地位已稳固，就断然诛杀了擅权专政的徐羡之、傅亮、谢晦等人。谢灵运被召至京为秘书监，颇受

宠遇。但他始终是个侍从文臣，不久又称病回家，过起了隐居生活。

431 年，文帝让谢灵运编定“四部书”目录，并和名僧慧严、慧观等共同润饰昙无谶译的《大般涅槃经》。不久谢灵运出任临川（今江西抚州西）内史。在临川的他依然纵游无度，被司徒刘义康盯上了。432 年，司徒刘义康竟遣使去抓捕他，谢灵运无法忍受耻辱，调兵拒捕，于是降死一等，以叛逆罪被流放广州。

433 年，谢灵运在广州被杀。

▲ 谢灵运《山居赋》

■历史评价 I

谢灵运的主要创作时期是刘宋时代，在山水诗方面成就比较大。谢灵运的山水诗之所以超越前人，原因就在于他对山水形象的捕捉。比如，“春晚绿野秀”（《入彭蠡湖口》）与“青翠杳深沉”（《晚出西射堂》），同样是绿色，却是从不同角度进行的描述，前者描述的为暮春，后者则为深秋。此外，他的名作还有《过始宁墅》《石门岩上宿》《登池上楼》《过白岸亭》《入华子岗是麻源第三谷》等，这些诗把老庄哲学化入山水景色之中，由景涉理，进而以景启情，引起思古幽情，又一转为人生的感慨，浑无痕迹。

谢灵运还写了不少美文，最著名的是《山居赋》《岭表赋》《江妃赋》等。谢灵运多才多艺，除诗文创作以外，还兼通史学，工于书法。

谢灵运早年信道，后来奉佛，并在佛理的方面颇有研究，与名僧慧远交情很深。他著名的哲学论文有《辩宗论》。他曾经注释过《金刚般若经》，又曾和僧人慧严、慧观等共同润饰昙无谶译的《大般涅槃经》。经过润饰的经文，比原译远为流畅优美，世称南本，原译则称北本。

■大事坐标 |

385 年　出生。

405 年　出任琅琊王大司马行参军，次年转为抚军将军刘毅的记室参军。

411 年　被刘裕起用，为大尉参军（当时刘裕官居太尉），次年改为书丞。

416 年　出任骠骑将军刘道怜的谘议参军，不久转为中书侍郎，后来做了世子中军谘议、黄门侍郎。

418 年　出任相国从事中郎。

427 年　被召至建康为秘书监。

431 年　受命编定“四部书”目录，并和名僧慧严、慧观等共同润饰昙无谶译的《大般涅槃经》。

433 年　在广州被杀。

■关系图谱 |

玉壶瑶台　妙传书法

卫铄

■名片春秋 I

卫铄（272 ～ 349），即卫夫人，字茂漪，河东安邑（今山西夏县北）人，晋代著名女书法家。卫铄是汝阴（今安徽阜阳）太守李矩之妻，世称卫夫人。卫氏家族世代工书，卫铄的丈夫李矩亦善隶书。卫夫人师承钟繇，妙传其法。王羲之小时候曾跟她学书，卫夫人是“书圣”王羲之的启蒙老师。

■风云往事 I

卫夫人的祖父名叫卫瓘，西晋时曾官至司空，录尚书事，他与索靖一样擅长写草书，人称“一台二妙”。卫夫人的曾祖卫恒，官至黄门郎，亦善书法，著有《四体书势》。卫夫人的父亲卫展，历任江州刺史、廷尉等职。卫夫人小时候就非常好学，酷爱书法艺术，很早就拜大书法家钟繇为师，多年来一直受其指教，特别善于隶书。她曾作诗论及草隶书体的写法，又奉命为朝廷写《急就章》。虽然现在没有她的传世作品，但从前人的相关论述中，对其书法风格可略知一二。

钟繇（151~230），三国时期曹魏著名书法家、政治家。官至太傅，魏文帝时与当时的名士华歆、王朗并为三公。在书法方面颇有造诣，据传是楷书（小楷）的创始人，与晋代书法家王羲之并称为“钟王”。

▲ 卫铄作书图

卫夫人生前名望已远播海内，著名大书法家王羲之在少年时就曾拜在她的门下学习书法。王羲之学成之后青出于蓝，成为中国书法史上首屈一指的人物。卫夫人成年后嫁给汝阴太守李矩为妻。其子李充，官至中书侍郎。李充的书法作品主要受其母亲的影响，在当时也很有名。

卫夫人的代表作是小楷《古名姬帖》，其笔法古朴肃穆，姿态自然，吸收了篆字的一些特点，是楷书中的上品。唐朝评书者称其书如“插花舞女，低昂美容。”又如“红莲映水，碧海浮霞。”卫夫人撰写过一本叫《笔阵图》的书，主要阐述了执笔、用笔的一些基本方法。其中有这么几句：“善笔力者多骨，不善笔力者多肉，多骨微肉者谓之‘筋书’，多肉微骨者谓之‘墨猪’。多力丰筋者圣，无力无筋者病。”她主张书法要“多力丰筋”，即力量刚强，筋骨丰满，而反对“无力无筋”。

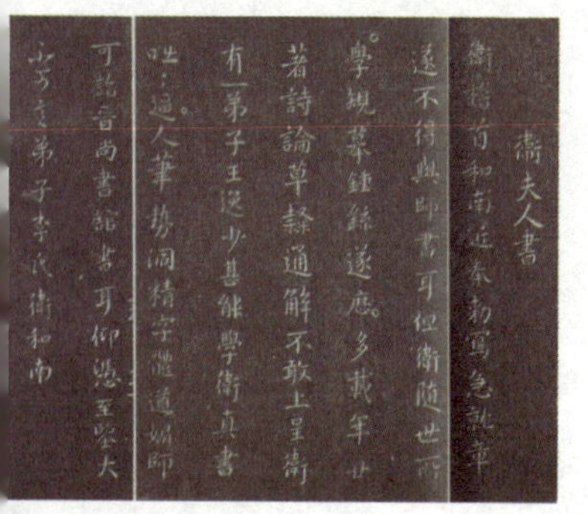
衛夫人書
衛稽首和南近奉敕寫急就章
遂不得與師書耳但衛隨世所
學規摹鍾繇遂歷多載年廿
著詩論草隸通解不敢上呈衛
有一弟子王逸少甚能學衛真書
咄咄逼人筆勢洞精字體遒媚師
可詣晉尚書館書耳仰憑至鑒大
不敢弟子李氏衛和南

▲ 卫夫人《近奉帖》

■历史评价 |

书法成就

书法家钟繇曾称颂卫夫人的书法说：“碎玉壶之冰，烂瑶台之月，宛然若树，穆若清风。”钟繇

的评价高度概括了卫夫人书法高逸清婉、流畅瘦洁的特点。这实际上是对钟繇书法风格的继承，但在钟繇瘦洁飞扬的基础之上，更有一丝清婉灵动的韵味。

唐代韦续则说："卫夫人书，如插花舞女，低昂芙蓉；又如美女登台，仙娥弄影；又若红莲映水，碧治浮霞。"韦续连用三组美丽的形象来形容卫夫人的书法，可知卫夫人的书法充溢着美感，带有女性特有的妩媚娇柔的风格，又与钟繇迥异其趣。这是卫夫人结合自身气质特点，在学习钟繇基础之上的独特创新。韦续因此将卫夫人归入著名书法家，列为上品之下，即第一等第三级。

唐代李嗣真也曾高度赞扬卫夫人的书法，指出卫夫人"正体尤绝"。唐代著名书法理论家张怀瓘甚至把卫夫人的书法归入妙品，仅仅屈居最高一等神品寥寥数人之下。美术史论家张彦远对卫夫人的评价则要相对低一些，他将卫夫人归入中品之上，即第二等第一级。但同时说："李妻卫氏，自出华宗。"由以上评述，完全可以看出卫夫人的书法深受好评，得到了诸多书法家的认可。

李嗣真（？~696），唐代书画家，字承胄。武则天时期任右御史中丞，曾为潞州刺史。其人多才多艺，博学晓音律，兼善阴阳推算之术，对诗词、书画理论造诣颇深。著有《诗品》《书品》各一卷。

书法理论

卫夫人不但在书法艺术实践上有突出成就，而且在书法艺术理论方面也有比较深刻的见解。她撰有《笔阵图》一卷，全面深入地参考了有关的书法理论，并提出自己的看法。

她在书中首先提出，书法之妙"莫先乎用笔"。主张学习书法要追寻它的来源，师法古人，反对谙于道理，学不该赡，以致徒费精神，学无成功。卫夫人又提出，在学习和创作时要注意选用笔、墨、纸、砚的品种和产地，强调"工欲善其事，

一 如千里陣雲隱隱然其實有形
丶 如高峰墜石磕磕然實如崩也
丿 陸斷犀象
乚 百鈞弩發
丨 萬歲枯藤
乀 崩浪雷奔
𠃌 勁弩筋節

▲《笔阵图》书影

必先利其器”，又着重指出，执笔要有讲究，不同书体应采用不同的执笔法，并加以具体分析，她的观点超出了单纯论述执笔的范围，对书法艺术中的笔、意关系和书家修养等做出了深刻的论述。

对书写不同字体时的用笔，卫夫人亦有精辟论述，她认为用笔有六种方法。应该说，卫夫人关于用笔的论述，仍值得我们去学习，她实质上提出了书法家把握不同字体书写风格的问题。具体到笔画上，卫夫人针对七种不同笔画的书写，提出七条标准，她对七种基本笔画的描述，形象生动，实为初学书法者良好的入门途径。

此外，卫夫人在《笔阵图》中概括了她对书法艺术总体的认识，提出了“力筋”之说。这实质上是卫夫人根据自己的书法实践总结的经验，代表了她对书法艺术理论总的认识，为后代书法家指出了方向和途径，也成为中国书法理论中的重要内容和评判标准，对历代书法理论和实践的发展都产生了巨大影响，功不可没。

大事坐标

272 年　出生。
278 年　来到钟繇门下学习书法。
290 年　与李矩结为夫妻，从此人称卫夫人。
315 年　著《笔阵图》。
349 年　病逝。

■关系图谱

《兰亭序》出　一代书圣

王羲之

■名片春秋 |

王羲之（303 ~ 361），字逸少，号澹斋，祖籍琅琊（今山东临沂），后迁居会稽（今浙江绍兴），东晋书法家，从师于卫夫人、钟繇。历任秘书郎、宁远将军、江州刺史。后为会稽内史，领右将军，人称“王右军”“王会稽”。写下《兰亭集序》,有“书圣”之称。其子王献之书法亦佳，世人合称为“二王”。此后，历代王氏家族书法人才辈出。

■风云往事 |

王羲之出身于名门望族，他的祖上是当地有名的琅琊王氏，从曾祖王览与《二十四孝图》中的王祥为同父异母兄弟，王览官至大中大夫，王祥官至太保。伯父王导官至太尉，后来做了宰相。父亲王旷曾是淮南太守。王羲之在小的时候，常随母亲从乡下到无锡城里看望堂伯父王导，深受王导宠爱。309 年，王旷率军北上、驰援并州，全军覆没，被刘聪俘虏。王羲之在无锡家中学习父亲《笔论》，书法大有长进。14 岁时，王氏家族助晋室南渡建立东晋于江南建康（今江苏南京），与陈郡谢家同为东晋

琅琊王氏

中国古代最知名的家族之一。开基于两汉，鼎盛于魏晋，南朝以后走向衰弱。琅琊郡，秦朝时为全国三十六郡之一，汉袭秦制，琅琊王氏家族一直居住于琅琊皋虞和临沂之间，西晋末年永嘉之乱便举族迁居金陵，衣冠南渡。南渡之后因对故乡思念的缘故一直都以北土地名为称呼，东晋元帝时又侨置南琅琊郡。

著名家族，唐诗有“旧时王谢堂前燕，飞入寻常百姓家”句。王羲之16岁时，被太尉郗鉴相中为“东床快婿”。他初为秘书郎，后由征西将军庾亮荐为宁远将军，改任江州刺史、右军将军、会稽（今浙江绍兴）内史。因与扬州刺史王述有矛盾，于是辞退了官职。

张芝（？～约192），中国东汉书法家。字伯英。敦煌酒泉（今甘肃酒泉）人。出身于官宦家庭，其父张奂曾任太常卿。张芝擅长草书中的章草，将古代当时字字区别、笔画分离的草法，改为上下牵连富于变化的新写法，富有独创性，在当时影响很大，有“草圣”之称。书迹今无墨迹传世，仅北宋《淳化阁帖》中收有其《八月帖》等刻帖。

王羲之任江州刺史时（345～347），曾在临川郡城东高坡置办了住宅，名曰“新城”（位于今江西抚州市临川区），宅内挖有生活用井和练习书法的专用洗墨池，对此南朝刘宋时期著名文学家、临川内史荀伯子的《临川记》和宋朝文学大家曾巩的《墨池记》均有记述。《墨池记》全文285字，介绍了墨池来历，颂扬了王羲之苦练书法的精神。“文革”期间，墨池遭毁。2002年，抚州市政府重建洗墨池，恢复旧貌，供游人观赏。王羲之在临川“慕张芝，临池学书，池水尽黑”的“墨池”精神，一直鼓舞着临川学子。

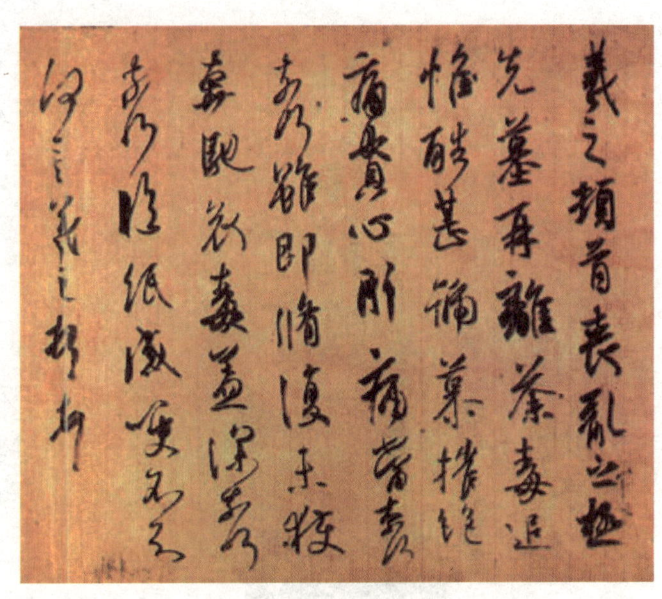

▲ 王羲之书法作品

王羲之擅长书法，师从名人，小时候跟卫夫人（即卫铄）学书法，后跟张芝学草书，跟钟繇学正书。他博采众长，自成一家，一变汉魏以来波挑用笔，独创圆转流利之风格，隶、草、楷、行各体皆精，被奉为“书圣”。他还特别喜爱鹅，常常观鹅的行走姿态，把鹅装在笼中饲养娱乐，并将此与书法结合起来，水平日趋成熟。王羲之的作品现在基本已无真迹存世，传世者均为临摹本。其行书《兰亭序》《快雪时晴帖》、草书《初月帖》、楷书《黄庭经》《乐毅论》最著名。

永和九年歲在癸丑暮春之初會
于會稽山陰之蘭亭脩禊事
也羣賢畢至少長咸集此地
有崇山峻領茂林脩竹又有清流激
湍暎帶左右引以為流觴曲水
列坐其次雖無絲竹管弦之
盛一觴一詠亦足以暢叙幽情
是日也天朗氣清惠風和暢仰
觀宇宙之大俯察品類之盛
所以遊目騁懷足以極視聽
之娛信可樂也夫人之相與俯仰
一世或取諸懷抱悟言一室之內
或因寄所託放浪形骸之外雖
趣舍萬殊靜躁不同當其欣
於所遇暫得於己快然自足不
知老之將至及其所之既倦情
隨事遷感慨係之矣向之所
欣俛仰之間以為陳迹猶不
能不以之興懷況脩短隨化終
期於盡古人云死生亦大矣豈
不痛哉每攬昔人興感之由
若合一契未嘗不臨文嗟悼不
能喻之於懷固知一死生為虛
誕齊彭殤為妄作後之視今
亦由今之視昔悲夫故列
叙時人錄其所述雖世殊事
異所以興懷其致一也後之攬
者亦將有感於斯文
丙戌年荷月胡珏敬錄

▲ 王羲之《兰亭序》

■历史评价 |

王羲之代表作品有：楷书《黄庭经》《乐毅论》、草书《十七帖》、行书《姨母帖》《快雪时晴帖》《丧乱帖》《兰亭序》《初月帖》等。其中，被誉作“天下第一行书”的《兰亭序》为历代书法家所敬仰。王羲之兼善隶、草、楷、行各体，精研体势，心摹手追，广采众长，备精诸体，冶于一炉，摆脱了汉魏笔风，自成一家，影响深远。王羲之书法最显著的特点是用笔细腻，结构多变；其笔势委婉含蓄，平和自然，且遒美健秀。世人常用曹植的《洛神赋》中“翩若惊鸿，婉若游龙，荣曜秋菊，华茂春松。仿佛兮若轻云之蔽月，飘飖兮若流风之回雪”的诗句来赞美王羲之的书法之美。王羲之的书法影响了一代又一代的书苑。如唐代的欧阳询、虞世南、褚遂良、薛稷、颜真卿、柳公权，宋代的苏轼、黄庭坚、米芾、蔡襄，元代的赵孟頫，明代的董其昌。

▲ 山东临沂王羲之石像

■大事坐标 |

303 年	出生。
319 年	被太尉郗鉴相中做了秘书郎，后来由征西将军庾亮荐为宁远将军，改任江州刺史、右军将军、会稽内史。
345 ~ 347 年	出任江州刺史。
353 年	在会稽山阴之兰亭内，作《兰亭序》。
361 年	在会稽逝世。

■关系图谱 |

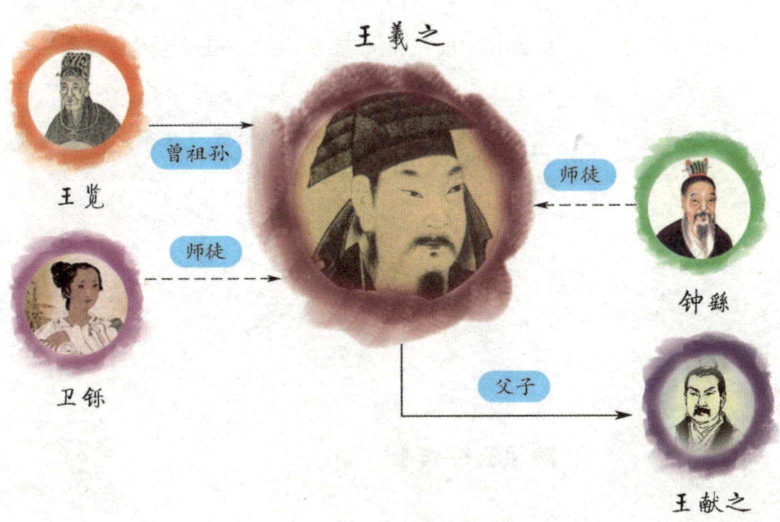

文章冠世 《平复帖》存

陆机

■名片春秋 |

陆机（261 ~ 303），字士衡，吴郡吴县（今江苏苏州）人，西晋文学家，书法家，与其弟陆云合称“二陆”，又与顾荣、陆云并称“洛阳三俊”。曾历任平原内史、祭酒、著作郎等职，故世称“陆平原”。后死于“八王之乱”，被夷三族。他“少有奇才，文章冠世”，与其弟陆云都是我国西晋时期著名文学家，同时陆机还是一位杰出的书法家，他的《平复帖》是我国现存最早的名人书法真迹。

■风云往事 |

陆机出身于名门望族，他的祖父陆逊是东吴的丞相，父亲陆抗是东吴的大司马。275年，陆抗去世，陆机与其弟兄分领父兵，为牙门将。20岁时，东吴被灭，陆机与其弟陆云退居老家，闭门勤读。289年，陆机与陆云来到洛阳，拜访太常张华。张华非常喜欢他们兄弟俩，对他们大加赞赏，路人皆知，从而使其声誉响彻京师，当时有“二陆入洛，三张减价”之说。这时正值贾谧当权，他大摆酒席宴请宾客，很多文人显贵都在邀请之列，其中著名的文人有24

牙门将

古代官职。起源于古代一种防御工事“牙门”，负责在牙门里统领士兵指挥作战的将领被称为牙门将。担任牙门将的人通常需要具备一定勇武，后演变为主将帐下的偏将、副将职位。东汉末年刘备所创置，曾授予赵云，在汉中之战后又授予魏延。三国时东吴和曹魏亦有设置。《通典》卷29“杂号将军”一栏将牙门将视为杂号将军之一。

个，号称“二十四友”，陆氏兄弟亦入其列。陆机历任国子祭酒、太子洗马、著作郎等职。

300 年，赵王伦专政，以陆机为相国参军。次年，赵王伦想要阴谋夺权，以陆机为中书郎。但不幸赵王伦被剿灭，陆机幸好有成都王、吴王等求情才免于一死，但被发配到边外，遇到朝廷大赦才恢复自由。后来，陆机做了成都王的幕僚，参大将军军事，再被升为平原内史。303 年，成都王举兵伐长沙王，以陆机为前将军前锋都督。最终，陆机兵败被杀，惨遭灭族。

■历史评价 |

文学成就

陆机被后人誉为“太康之英”，是西晋太康、元康间最著声誉的文学家。就其文学理论而言，他的《文赋》是中国文学理论发展史上第一篇系统的创作论，对后世的文学创作和理论发展，产生了重要影响。

陆机流传下来的诗，近半数是乐府诗和拟古诗。除此之外，陆机还有为数不多的纪行诗和亲朋赠答诗，这些诗情感真挚，较少雕饰，艺术成就较高。如《赴洛道中作》两首抒发作者远离故国家乡的愁闷之情，极为凄楚动人，是陆机五言诗的代表作。

陆机的赋中最有名的是《文赋》。这是文学史上最早采用“赋”的体裁而写成的文学理论著作。其中既总结了以前作家的经验，也融合了陆机本人创作的甘苦。

陆机的论文思想内容比诗、赋更为充实，时有峭健之笔。其中著名的有《辨亡论》，论述了东吴兴亡的原因，归于能否得人，议论滔滔，笔势流畅，可称为西晋论文中最为博大的一篇。另外，陆机还是骈文的奠基者。像他写的《叹逝赋序》《豪士赋序》

▲ 陆机《文赋》

乐府诗

乐府是自秦代以来设立的配置乐曲、训练乐工和采集民歌的专门官署，汉乐府指由汉时乐府机关所采制的诗歌。这些诗原本在民间流传，经由乐府保存下来，汉人叫作“歌诗”，魏晋时始称“乐府”或“汉乐府”。后世文人仿此形式所作的诗，亦称“乐府诗”。汉乐府掌管的诗歌按作用主要分为两部分：一部分是供执政者祭祀祖先神明使用的效庙歌辞，其性质与《诗经》中“颂”相同；另一部分则是采集民间流传的无主名的俗乐，世称之为乐府民歌。

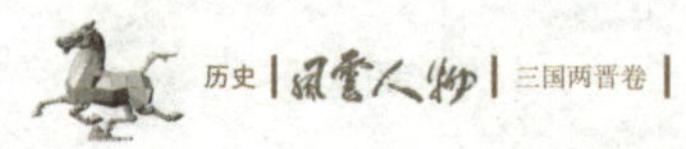

▲ 陆机《辨亡论》书影

《吊魏武帝文》等，以情带理，是西晋骈体文的典型。

据《晋书·陆机传》载，陆机所作诗、赋、文章，共 300 多篇，今存诗 107 首，文 127 篇（包括残篇）。

书法成就

陆机留下的书法作品数量较少，被收藏的墨迹有草书《平复帖》、行书《望想帖》。《平复帖》是中国历史上目前发现的第一件存世法书真迹。古代书家在陆机之前者，均无可靠的墨迹流传；古代墨迹在《平复帖》之前者也不少，但它们的作者都没有留下名字。因此，陆机被公认为第一位让后人一睹风采的文士书法家。

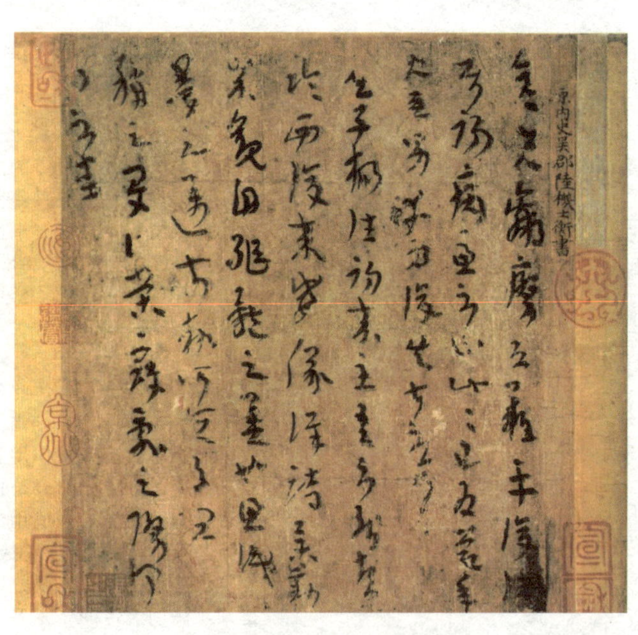

▲ 陆机《平复帖》书影

《平复帖》全文只有几行，字字珠玑，被誉为天下法书之祖。明代书法家董其昌评价它："盖右军以前，元常以后，唯存此数行，为希代宝。"

《平复帖》用笔古雅，点画苍劲有力，朴实雄厚。全帖字字独立，每字笔画粗细变化

不大，没有出锋特长、特细之笔，粗细之变化完全靠笔之提按来完成，说明陆机当时用的是秃毫之笔，因此笔画短促有力，苍劲古朴。

《平复帖》是章草向今草转变过程中最为典型的杰作。由此可见，《平复帖》除了其高超的艺术价值和“法书之祖”的历史价值之外，还可作为研究书法及字体演变的参考。同时，它简练古雅，圆转自然的书法风格还深深影响了后世书家，五代杨凝式根据这一书法风格创造了“削繁为简，破方为圆”的杨疯子书风。

《平复帖》现收藏于北京故宫博物院。

骈体文

也称“骈文”、“骈俪(lì)文”或“骈偶文”；因其常用四字、六字句，故也称“四六文”或“骈四俪六”。中国古代魏晋以后产生的一种文体。南北朝是骈体文的全盛时期。全篇以双句（俪句、偶句）为主，讲究对仗的工整和声律的铿锵。骈文由于迁就句式，堆砌辞藻，往往影响内容表达，韩愈、柳宗元提倡古文运动之后，骈文渐衰。

■大事坐标 |

261 年 出生。

275 年 父亲去世，与其弟兄分领父兵，为牙门将。

289 年 与弟弟陆云来到洛阳，拜访太常张华。

300 年 赵王伦专擅朝政，任相国参军。

302 年 做了成都王的幕僚，参大将军军事，后被上表升为平原内史。

303 年 成都王举兵伐长沙王，任前将军前锋都督，最终兵败被杀。

■关系图谱 |

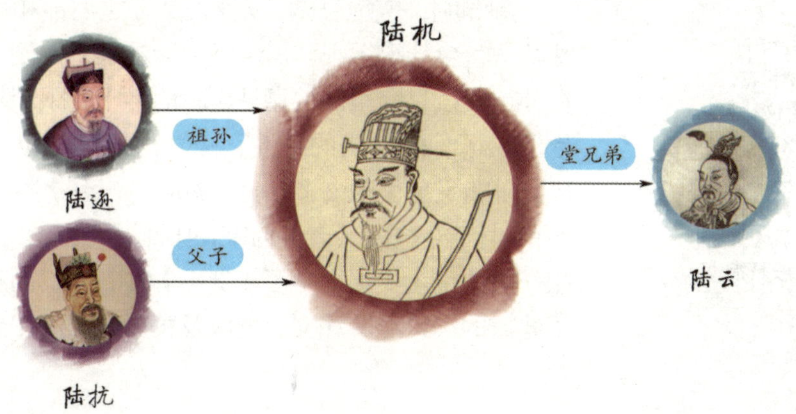

田园诗人　不折五斗

陶渊明

■名片春秋 |

陶渊明（约 365 ~ 427），字元亮，名潜，或名渊明。号五柳先生，世称靖节先生，入刘宋后改名潜。东晋浔阳柴桑（今江西九江）人。东晋大司马陶侃曾孙，东晋末期南朝宋初期诗人、文学家、辞赋家、散文家。曾做过几年小官，后辞官回家。从此隐居，田园生活是陶渊明诗的主要题材，相关作品有《饮酒》《归园田居》《桃花源记》《五柳先生传》《归去来兮辞》《桃花源诗》等。他是中国第一位田园诗人，被称为“古今隐逸诗人之宗”，有《陶渊明集》。

■风云往事 |

陶渊明，家境衰微，9 岁丧父，之后他和母亲与妹妹一直生活得很艰辛。由于生活艰难，他们只好住在外祖父孟嘉家里。孟嘉是当时的名士，跟随外祖父生活久了，陶渊明的个性、修养都很有外祖父的遗风。外祖父家里藏书多，为他提供了充足的学习条件，两晋时代以《庄》《老》为宗，罢黜《六经》，他不仅像一般的士大夫那样学了《老子》《庄子》，而且还学了儒家的“六经”和文、史以及神话之类的“异书”。

六经

六部儒家经典。始见于《庄子·天运篇》。是指经过孔子整理而传授的六部先秦古籍，即《诗经》《尚书》《仪礼》《乐经》《周易》《春秋》（其中《乐经》已失传，故通常称“五经”）。《礼经》汉代是指《仪礼》，宋以后《五经》中的《礼经》一般是指《礼记》。

外部学术氛围和内部家庭环境的影响，使他接受了儒家和道家两种不同的思想，培养了他两种不同的志趣。

少年时期陶渊明有着“猛志逸四海，骞翮思远翥”的大志，393年，他怀着“大济苍生”的愿望，出任江州祭酒。当时门阀制度森严，他出身庶族，受人轻视，感到仕途前景暗淡，于是卸职。辞职回家后，州里又来召他做主簿，他也辞谢了。400年，他来到荆州，投入桓玄门下做了属吏。这时，桓玄正控制着长江中上游，窥伺着篡夺东晋政权的时机，他自然不肯与桓玄同流，做这个野心家的心腹。401年冬，他因丧母辞职回家。第二年正月，桓玄举兵与朝廷对抗，攻入建康，夺取东晋军政大权。403年，桓玄在建康公开篡夺了皇帝的位置，改国号为楚，把晋安帝幽禁在浔阳。这时的陶渊明在家乡躬耕自资，闭户诗赋，对于桓玄当政，把持大权，他很不屑。同年，建军武将军、下邳太守刘裕联合刘毅、何无忌等官吏，自京口（今江苏镇江）起兵讨桓平叛。桓玄兵败西逃，把幽禁在浔阳的安帝带到江陵。刘裕攻下建康后，陶渊明投入刘裕幕下做了镇军参军，实现了他对篡夺者抗争的意愿。但是入幕不久，陶渊明看到刘裕为了剪除异己，杀害了讨伐桓玄有功的刁逵全家和无罪的王愉父子，并且凭着私情，把众人认为应该杀的桓玄心腹人物王谧任为录尚书事领扬州刺史这样的重要官职。这些黑暗现象使他备感失望。405年，他奉命赴建康替刘敬宣上表辞职。刘敬宣离职后，他也随着去职了。同年秋，叔父陶逵介绍他任彭泽县令，到任81天，碰到浔阳郡督邮，属吏让他去迎道，他说：“我岂能为五斗米折腰向乡里小儿。”于是又一次辞官回家。陶渊明13年的仕宦生活，自辞彭泽县令结束。这13年，是他为实现“大济苍生”的理想抱负而不断尝试、不断失望、终至绝望的13年。最后作赋《归去来兮辞》，表明他与上层统治阶层决裂，不与世俗同流合污的决心。

陶渊明辞官归里，过着“躬耕自资”的生活。因

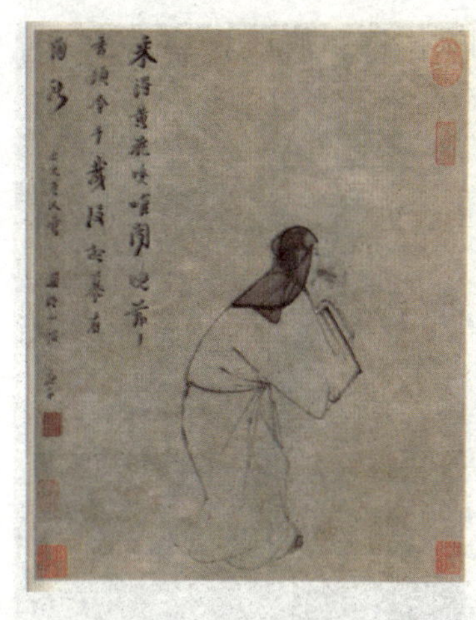

▲ 明张风《陶渊明嗅菊图》

▲ 江西星子陶渊明雕像

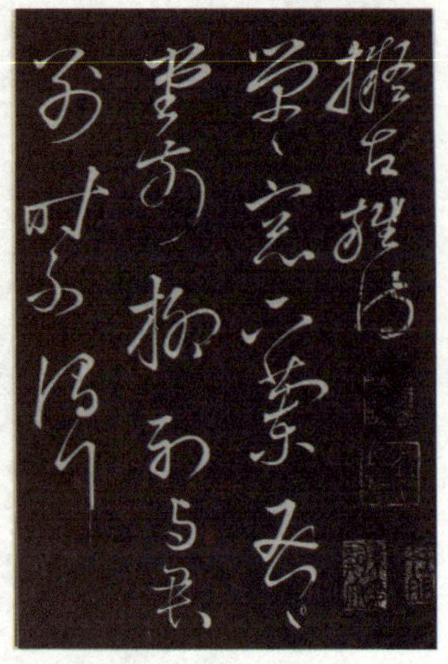

▲ 陶渊明墨迹

他的住所地门前栽种有五棵柳树，固被人称为五柳先生。他固穷守节，老而益坚。辞官回乡的 22 年里一直过着贫困的田园生活。427 年九月，他给自己写了《拟挽歌辞》三首，在第三首诗中末两句说："死去何所道，托体同山阿"，表明他把死亡看得平淡自然。当年，陶渊明与世长辞。

■历史评价 |

陶渊明是两汉魏晋南北朝近 800 多年以来最杰出的诗人，也是杰出的词赋家与散文家。他的诗今存 125 首，计四言诗 9 首，五言诗 116 首。他的文章今存 12 篇，计有辞赋 3 篇、韵文 5 篇、散文 4 篇。但总的说来，陶渊明文章的数量和成就都不及他写的诗。

陶渊明的诗感情真挚，朴素自然，有时流露出逃避现实、乐天知命的老庄思想，正因如此，陶渊明被人们称为"田园诗人"，也是田园诗派的鼻祖。他的诗从内容上可分为饮酒诗、咏怀诗和田园诗三大类。陶渊明是中国文学史上第一个大量写饮酒诗的诗人。他的《饮酒》20 首以"醉人"的语态或指责是非颠倒、毁誉雷同的上流社会；或揭露世俗的腐朽黑暗；或反映仕途的险恶；或表现诗人退出官场后怡然陶醉的心情；或表现诗人在困顿中的牢骚不平。陶渊明的咏怀诗以《杂诗》12 首、《读山海经》13 首为代表。这类诗既表现出诗人鄙夷功名利禄的高远志趣和守志不阿的高尚节操；也彰显了诗人与黑暗官场的极端憎恶和彻底决裂的心志；还表现出诗人对淳朴的

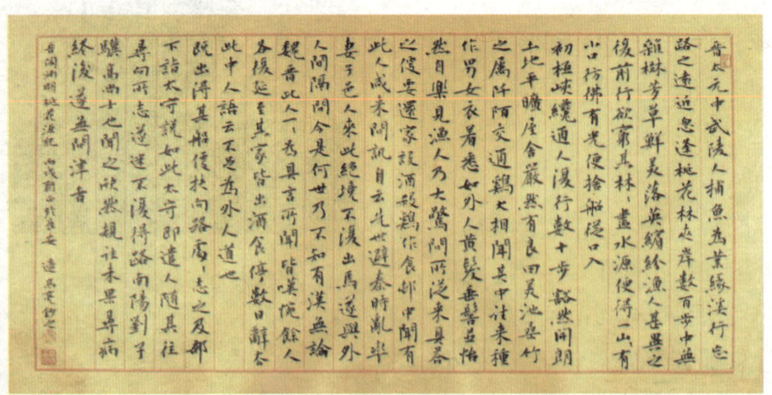

▲ 陶渊明名篇《桃花源记》书题

田园生活的热爱对劳动人民的歌颂，以及诗人对理想世界的追求和向往。作为一个文人士大夫，这样的思想感情和内容，尤其是在门阀制度和等级观念森严的东晋社会里显得特别难能可贵。

陶渊明的诗在当时的南北朝影响并不大。刘勰著《文心雕龙》，对陶渊明只字未提。但随着时代的发展，陶渊明的诗影响越来越大，尤其对苏东坡影响很深，他作了很多与陶渊明有关的诗词。

▲《文心雕龙》封面

■大事坐标 |

约 365 年　出生。

374 年　随母亲来到外祖父孟嘉家里生活。

393 年　出任江州祭酒一职。

400 年　来到荆州，投入桓玄门下做属吏。

401 年　因丧母辞职回家。

403 年　投入刘裕幕下做镇军参军。

405 年　奉命赴建康替刘敬宣上表辞职。刘敬宣离职后，他也随着去职了。后经叔父陶逵介绍做了彭泽县令，但仅仅做了 81 天就解印辞职归里，过着“躬耕自资”的生活。

427 年　逝世。

■关系图谱 |

无神论者 《神灭论》辩

范缜

■名片春秋 |

范缜(约450～515),字子真,祖籍顺阳(今河南淅川境内)人,南北朝时期著名的唯物主义思想家、杰出的无神论者。他是晋安北将军范汪的第6世孙,祖父范璩之,曾任南朝宋中书侍郎。范缜初为宁蛮县主簿,升迁为尚书殿中郎。南齐永明年间,为了进一步缓和南北局势,齐武帝派范缜作为使者出使北魏,范缜的学识和能力受到北魏朝野的称赞。

■风云往事 |

范缜小时候家境贫穷,但他却很爱学习,十几岁时,听说名儒大师沛国刘瓛正招收学生讲学,就离家投师门下。他学业优异,卓越不群,刘瓛十分钟爱他,亲自为范缜行加冠礼。刘瓛在当时学术地位很高,很多有权有势的子弟跟着他学习,但他们锦衣玉食,狂妄自大。范缜从学数年,经常穿布衣草鞋,上下学都是步行,但却并未因此自卑自愧。相反,他生性倔强耿直,不肯向权贵低头,敢于发表"危言高论",同窗士友都畏他三分,他也因此受到众人的疏远和冷落。他成人后博通经术,对于

三礼

指《周礼》《仪礼》《礼记》。记录、保存了许多周代的礼仪,所涉及的各种礼制的总和,也就是礼的全部内容。其中,《周礼》偏重政治制度;《仪礼》偏重行为。"三礼"是我国古代政治制度的三部儒家经典,是中国古代礼仪制度的蓝本和百科全书。

“三礼”有特殊的造诣。在诸多的士人中，他只与外弟萧琛情投意合，结为好友。萧琛以能言善辩闻名，也每每为范缜的言简意明、通达要旨的议论所折服。但是在刘宋时期，范缜抑郁不得志，他的聪明才智和满腹经纶无处施展。怀才不遇的痛苦无时无刻不在煎熬着他，使他未老先衰，在 29 岁时就已有了白发，遂写下了《伤暮诗》《白发咏》，以抒发内心的愤愤不平，寄托自己无处可施的远大志向。萧齐朝取代刘宋后，范缜的命运有了转机，当上了尚书殿中郎。齐武帝永明年间（483 ~ 493），萧齐朝与北魏和亲通好，范缜曾作为使者出访北魏，他渊博的知识和思想的机智敏捷，博得了北魏朝野的尊重和赞叹。

萧琛（478~529），南朝齐、梁时代学者。一作萧瑮。他雅爱音乐、诗书及醇酒，能文且富辩才。受梁武帝重用，晚年任金紫光禄大夫。因范缜主张神灭论，否定因果轮回，故引起论争。而萧琛亦作难神灭论并批判之，阐扬其所持之佛陀观。

范缜生活的南朝佛教兴盛。社会民众、朝廷士大夫都相信灵魂不死，轮回报应的宗教学说。唐朝诗人杜牧在《江南春》一诗中曾生动地勾画出当时佞佛的景象：“南朝四百八十寺，多少楼台烟雨中。”无数颗灵魂受到佛教的毒害，佛塔、寺庙的修建耗费巨大的人力、物力、财力。统治阶级中的一些上层人物不仅把佛教当作麻醉人民的精神鸦片，自己也沉溺于对佛教的笃信中，以充实空虚的灵魂。南齐时的竟陵王萧子良，狂热地迷信佛教，他在府邸聚会名僧，讲论佛典，佞佛盛况自东晋以来所未有。他甚至不惜有失身份，亲自为僧侣端茶上菜。萧子良还有交游宾客，聚会文学名士的雅好。他在京都鸡笼山西邸官舍礼贤纳士，萧衍（即后来的梁武帝）、沈约，以及范缜等士人，都游于其门。但在这些名士中几乎多是佛门信徒。他们认为人的灵魂不灭，灵魂不因人的死亡而消失，而是转移于其他活人的肉体中。同时他们又笃信因果报应，认为前世、今世所行的善或恶，在来世必然要分别得到富贵或贫贱的报应。唯有范缜不信这套理论，他大唱反调，称世上无佛。结果，在 489 年，以竟陵王萧子良为首

▲ 范缜画像

的佛门信徒与范缜展开了一场大论战。最终，他们都没有辩驳过范缜。

502年，范缜做了晋安太守，他为官清廉，深受百姓爱戴，不久升迁为尚书左丞。后来因尚书令王亮的事受牵连被谪徙广州（在齐梁之际，王亮拥立萧衍有功，任尚书令，后因在503年对梁武帝大不敬，被削爵废为庶人。当时范缜念及旧日友情，十分同情王亮，仍经常去王亮家看望他，两人过往密切）。梁武帝萧衍佞佛，下诏宣布佛教为"正道"，但《神灭论》此时却在范缜亲友中广为流传。

沈约（441~513），南朝史学家、文学家。出身于门阀士族家庭，历史上有所谓"江东之豪，莫强周、沈"的说法，家族社会地位显赫。沈约笃志好学，博通群籍，擅长诗文。历仕宋、齐、梁三朝。在宋仕记室参军、尚书度支郎。著有《晋书》《宋书》《齐纪》《高祖纪》《迩言》《谥例》《宋文章志》，并撰《四声谱》。作品除《宋书》外，多已散佚。

507年，范缜回京师任中书郎，此时反对《神灭论》最厉害的是沈约。当时，梁武帝发《敕答臣下神灭论》的敕旨，重新挑起论战。范缜对自己的理论做了更精辟的修订，也就是现在的《神灭论》。大僧正法云将萧衍敕旨大量传抄给王公朝贵，并写了《与王公朝贵书》，响应者有临川王萧宏等64人。萧琛、曹思文、沈约三人著文反驳《神灭论》。曹思文以儒家的郊祀配天制度证明神之不灭，从而给范缜加上"欺天罔帝""伤化败俗"的罪名。范缜并不畏惧，据理反驳。最后，曹思文哪里是范缜的对手，几轮下来就不得不甘拜下风。在这场论战中，范缜终于以胜利者的姿态出现，并被载入史册。梁武帝对他无可奈何，只好既不贬黜，也不升擢范缜，让他位居国子博士。

515年，范缜病逝。他一生著有文集10多卷，但其中绝大多数早已散佚。

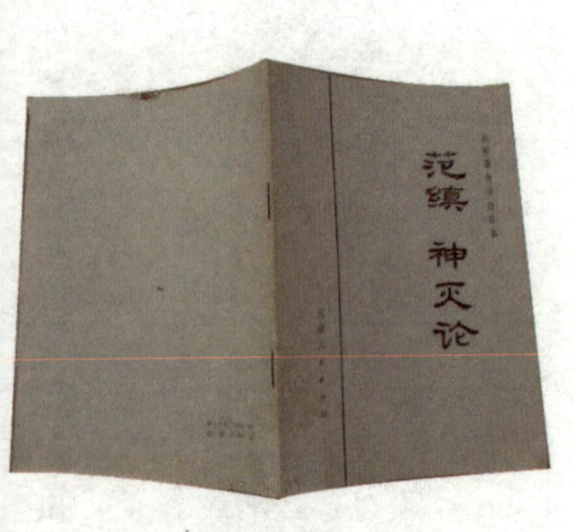

▲ 范缜《神灭论》

■历史评价 |

范缜生性耿直，为人正派，为坚持真理，不怕威胁，不受利诱，不惜放弃高官厚禄，以大无畏的英雄气概向唯心主义宗教神学展开斗争，以偶然论观点痛斥因果报应论，反对宣扬佛教，写下了在中国古代思想发展史上具有划时代意义的不朽作

品——《神灭论》。他主张："神即形也，形即神也。是以形存则神存，形谢则神灭也。"在形神关系的论证上，他思想的深度和逻辑的严谨不仅超越了在他之前的所有的唯物主义者，而且放眼整个封建社会，也是独一无二的。他那种为坚持和捍卫真理而斗争的勇气，更是难能可贵。李延寿在《南史·范缜传》的论中，曾对此做出了中肯恰当的评价："范缜正派耿直的气节贯穿一生，即使是他的好友王亮也比不过他。"

▲ 范缜铜像

■大事坐标

约450年　出生。

466年　来到名儒大师沛国刘瓛的门下求学。

487年　作为使者出访北魏，以渊博的知识和思想的机智敏捷，博得了北魏朝野的尊重和赞叹。

489年　以竟陵王萧子良为首的佛门信徒与范缜展开了一场大论战。

502年　任晋安太守，为官清廉，不久升迁为尚书左丞。

507年　被召为中书郎，著成《神灭论》。

515年　病逝。

■关系图谱

第四编

科技巨匠篇

三国两晋南北朝时期，是中国科学文化史上承前启后的重要发展阶段。在科学技术领域内，数学、天文学、农学、医药学、冶铸和机械制造等方面，都出现了许多有突出成就的代表人物。他们的创造和发明对后世有着深远的影响。

这一时期科学技术成就突出的代表人物有：计算出圆周率的南北朝时期著名数学家祖冲之，撰写《水经注》的北魏杰出的地理学家郦道元，著名农学家、《齐民要术》的作者贾思勰，我国第一部脉学专著《脉经》的作者王叔和，西晋著名的地理学家裴秀，《肘后备急方》的成书与完善者葛洪与陶弘景。

西晋著名的地理学家

裴秀

■名片春秋 |

裴秀（224 ～ 271），字季彦，河东闻喜（今山西闻喜）人，魏晋时期大臣，著名地理学家、地图学家。自幼好学，知识渊博。出身于官僚世家，历任三国魏散骑常侍、尚书仆射，晋朝光禄大夫、司空，封钜鹿郡公。他创作的《禹贡地域图》，开创中国古代地图绘制学。英国近代生物化学家和科学技术史专家李约瑟称他为“中国科学制图学之父”，与欧洲古希腊著名地图学家托勒密齐名，是世界古代地图学史上东西辉映的两颗灿烂明星。

■风云往事 |

裴秀从小就喜欢学习，8 岁就会写文章。青少年时，就对政治表现出浓厚的兴趣，而且学识广博。他的叔父裴徽当时名望很高，家中常有很多宾客来往。有些宾客经常在拜见裴徽之后，还要到裴秀那里交谈，听听他的议论，那时裴秀只不过是 10 多岁的孩子。

257 年，裴秀随司马昭到淮南征讨诸葛诞，裴秀积极为司马昭出谋划策，后被任为尚书，不久又升为尚书仆射。晋武帝司马炎代魏称帝后，裴秀又

托勒密（约 100~ 约 170），“地心说”的集大成者，古希腊天文学家、地理学家和光学家。托勒密认为地理学是对地球整个已知地区及与之有关的一切事物作线性描述，即绘制图形，并用地名和测量一览表代替地理描述。

先后担任尚书令和司空（相当于宰相）。在他担任司空后，除在朝廷中负责政务外，还负责管理国家的地图和户籍人口。裴秀利用职务之便，饱览群书，了解到非常多的地理和地图知识，并对古代地理和地图进行了仔细整理和精心研究。

司空

古代官名。西周始置，位次三公，与六卿相当，与司马、司寇、司士、司徒并称五官，掌水利、营建之事，金文皆作司工。春秋、战国时沿置。汉朝本无此官，成帝时改御史大夫为大司空，但职掌与周代的司空不同。

我国很早就在地理方面进行研究，远在三四千年前的殷商、西周时期，国家已经设置了专门掌管全国图书志籍的官吏。大约在春秋战国战国时期，出现了我国历史上一部地理学名著——《禹贡》。到了魏晋期间，因为时间过去太久，《禹贡》中所记载的山川地名已经有很多变更。裴秀在详细考证古今地名、山川形势和疆域沿革的基础上，出于政治和军事的需要，立意制作新图。他以《禹贡》为基础并结合当时晋朝的“十六州”而分州绘制大型地图集，绘制了《禹贡地域图》18 篇。图上古今地名相互对照，它不仅是当时最完备、最精详的地图，而且更重要的是它采用了科学的绘制方法。裴秀在完成这本地图集的绘制以后，把它进呈给晋武帝，《禹贡地域图》被当作重要文献收藏于“秘府”。裴秀在图的前面写了序言，向后人详细地介绍了他绘图的方法。这是一篇很有科学价值的珍贵文献，它体现了裴秀在制图理论上的卓越见解。这篇序言后来被保存在《晋书·裴秀传》里。春秋战国时期，地图已广泛用于战争和国家管理之中，秦汉以后，地图损失严重。裴秀领导和组织编制成《禹贡地域图》18 篇，是中国和全世界见于文字记载的最早历史地图集。为了便于应用，他还将一幅篇幅过大（用绢布 80 匹绘制）的《天下大图》缩制成以寸为百里（比例尺 1 : 1800000）的《地形方丈图》，图上标注有名山都邑，为朝廷军政管理提供了科学依据。

▲ 中国最古老的地图——《禹贡地域图》

裴秀第一次明确建立了中国古代地图的绘制理论，这也是他在地图学方面的最重要贡献。他总结我国古代地图绘制的经验，在《禹贡地域图》序

中提出了著名的具有划时代意义的制图理论——“制图六体”。

所谓“制图六体”就是绘制地图时一定要严格执行的六项原则，即：即分率（比例尺）、准望（方位）、道里（距离）、高下（地势起伏）、方邪（倾斜角度）、迂直（河流、道路的曲直），前三条讲的是比例尺、方位和路程距离，这是最主要的也是普遍的绘图原则；后三条是因地形起伏变化而须考虑的问题。这六项原则互相联系，密不可分，涉及制图学中的主要问题。

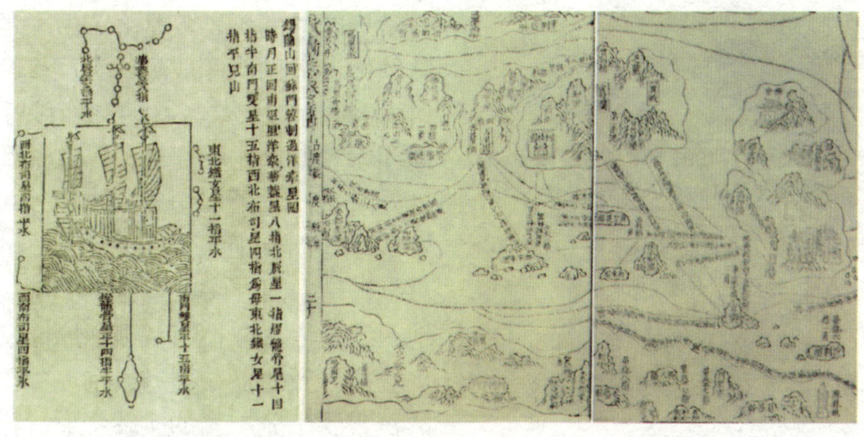

▲ 依照裴秀的“制图六体”绘制的《郑和航海图》

■历史评价 |

裴秀被誉为“中国科学制图学之父”。

裴秀在书中提出的制图原则——“制图六体”，是绘制平面地图的基本科学理论，也是中国最早的绘图理论，为编制地图奠定了科学的基础，一直影响着清代以前中国传统的制图学，在中国地图学的发展史上具有划时代的意义，在世界地图学史上占有重要地位。因此，把他称为我国

▲ 裴秀画像

科学地图学的创始人是并不过誉的。西方学者也非常钦佩裴秀的制图成就，英国李约瑟称其为“中国科学制图学之父”，说他完全可以和古代希腊著名的地图学家托勒密相提并论，在地图学研究方面位于世界前列。

沈括（1031~1095），北宋科学家、改革家。我国历史上最卓越的科学家之一。他博学多才、成就显著：精通天文、数学、物理学、化学、地质学，气象学、地理学、农学和医学；他还是卓越的工程师、出色的外交家。晚年以平生见闻，在镇江梦溪园撰写了笔记体巨著《梦溪笔谈》。

《禹贡地域图》是裴秀对中国地图学做出的巨大贡献，是中国古代唯一的系统制图理论。直至今天，地图绘制考虑的主要问题除经纬线和投影外，裴秀几乎全部涉及了。在裴秀以前，中国在地图学方面虽然积累了十分丰富的实践经验，但是缺少理论概括和指导。自裴秀提出“制图六体”之后，即为中国地图学者所遵循，如唐代的贾耽和宋代的沈括等都曾在论述中表明，裴秀“六体”是他们绘制地图的规范。可以说，在明末清初欧洲的地图投影方法传入中国之前，中国古代绘制地图一直遵循裴秀提出的六体理论，它对于中国传统地图学的发展影响极大。

■大事坐标 |

224 年　出生。

257 年　随司马昭到淮南征讨诸葛诞，因出谋划策有功，被任为尚书，不久又升为尚书仆射。

264 年　创作《禹贡地域图》。

271 年　病逝。

■关系图谱 |

南北朝时期著名数学家

祖冲之

■名片春秋 I

祖冲之(429 ~ 500),字文远,祖籍范阳郡遒县(今河北涞水)。南北朝时期宋、齐著名数学家、天文学家。为避战乱，祖冲之的祖父祖昌由河北迁至江南。祖昌曾任刘宋时期的“大匠卿”，掌管土木工程;祖冲之的父亲也在朝中做官，学识渊博，受人敬重。祖冲之从小接受家传的科学知识。青年时进入华林学省,从事学术活动。一生先后任过南徐州（今江苏镇江）从事史、公府参军、娄县（今江苏昆山东北）令、谒者仆射、长水校尉等官职。祖冲之一生钻研自然科学，其主要贡献在数学、天文历法和机械三方面。其提出的圆周率对数学的研究有巨大贡献；由其撰写的《大明历》是当时最科学、最进步的历法。

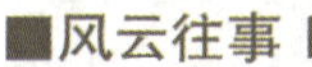

■风云往事 I

429 年，祖冲之在建康（今江苏南京）出生。祖家历代都对天文历法有研究，祖冲之从小就有机会接触天文、数学知识。

祖冲之小时候常随祖父外出，晚上，他常同当地小孩们一起乘凉、玩耍。看到天上繁星，农村孩子们能叫出星星的名称，如牛郎、织女以及北斗星

▲祖冲之雕像

等，而祖冲之只能看到这些星星是杂乱散布的。此时，祖冲之觉得自己实在知道得很少。

▲ 圆周率符号

祖冲之不喜欢读古书。5 岁时，父亲教他学习古书，两个月下来他能够记下来的却只有几句。父亲气得对他又打又骂。可是他喜欢数学和天文。

一天晚上，祖冲之躺在床上想白天老师讲的“圆周是直径的 3 倍”这个定理，但却觉得似乎不太正确。第二天早上，他就拿了一段母亲绱鞋子的绳子，跑到村头的路旁，等待过往的车辆。一会儿，来了一辆马车，祖冲之叫住马车，对驾车的老人说：“让我用绳子量量您的车轮，行吗？”老人点点头。祖冲之用绳子把车轮量了一下，又把绳子折成同样大小的 3 段，再去量车轮的直径。量来量去，他总觉得车轮的直径没有三分之一的圆周长。祖冲之站在路旁，一连量了好几辆马车车轮的直径和周长，都得出相同的结论。

这究竟是为什么？这个问题一直在他的脑海里萦绕。他决心要解开这个谜。

经过刻苦地钻研，祖冲之研究了刘徽的“割圆术”。所谓“割圆术”就是在圆内画个正 6 边形，其边长正好等于半径，再分 12 边形，用勾股定理求出每边的长，然后再分 24、48 边形，一直分下去，所得多边形各边长之和就是圆的周长。

▲ 祖冲之画像

祖冲之非常佩服刘徽这个科学方法，但刘徽的圆周率只得到 96 边，得出 3.14 的结果后就没有再算下去，祖冲之决心按刘徽开创的路子继续走下去，一步一步地计算出 192 边形、384 边形……以求得更精确的结果。

当时，数字运算还没利用纸、笔和数码进行演算，而是通过纵横相间地罗列小竹棍，然后按类似珠算的方法进行计算。祖冲之在房间地板上画了个直径为 1 丈的大圆，又在里边做了个正 6 边形，然后摆开他自己做的许多小木棍开始计算起来。

为避免再出误差，祖冲之以后每一步都至少重复计算两遍，如果结果不同还会继续运算，直到结果相同才停止。祖冲之从 12 288 边形，算到 24 567 边形，两者相差仅 0.000 0001。祖冲之知道从理论上讲，还可以继续算下去，但实际上无法计算了，只好就此停止，从而得出圆周率必然大于 3.141 5926，而小于 3.141 5927。

很多朋友知道了祖冲之计算的成绩，纷纷登门向他求教。之后，祖冲之又进一步得出圆周率的密率是 355/113，约率是 22/7。直到 1 000 多年后，德国数学家鄂图才得出相同的结果。

▲ 我国发行的祖冲之纪念银币

青年时代，祖冲之就已经声名远播，宋孝武帝听说后，派他到“华林学省”做研究工作。461 年，他在南徐州（今江苏镇江）刺史府里做事，先后任南徐州从事史、公府参军。464 年他调至娄县（今江苏昆山东北）任县令。在此期间他编制了《大明历》，计算了圆周率。宋朝末年，祖冲之回到建康任谒者仆射，此后直到宋灭亡一段时间后，他都把主要精力放在研究机械制造上。

494~498 年，他在南齐朝廷担任长水校尉一职，受四品俸禄。鉴于当时战争不断，民不聊生，他写有《安边论》一文，建议朝廷开垦荒地，发展农业，安定民生，巩固国防。500 年，祖冲之去世。

▲ 我国发行的祖冲之纪念邮票

■历史评价 |

祖冲之的成就涉及数学、天文历法和机械制造三个领域。他设计制造过水碓磨、铜制机件传动的指南车、千里船、定时器等。此外，祖冲之精通音律，擅长下棋，还写有小说《述异记》。祖冲之写了很多论著，但大多都已失传。祖冲之是一位少有的博学多才的人物。祖冲之的儿子祖暅也是我国古代著名数学家。

祖冲之不仅是我国历史上杰出的科学家，而且

▲ 月球背面祖冲之环形山

恒星年

地球绕太阳一周实际所需的时间间隔，也就是从地球上观测，以太阳和某一个恒星在同一位置上为起点，当观测到太阳再回到这个位置时所需的时间，只在天文学上使用。一个恒星年等于365.256 36个平太阳日或365天6时9分10秒。

▲江苏昆山亭林公园内祖冲之雕像

在世界科学发展史上也有崇高的地位。祖冲之创造的“密率”，世界闻名。

为纪念这位伟大的古代科学家，人们将月球背面的一座环形山命名为“祖冲之环形山”，将小行星1888命名为“祖冲之小行星”。

祖冲之在天文历法方面的成就，大都包含在他所编制的《大明历》以及为《大明历》所写的《驳议》中。

在祖冲之编制《大明历》以前，人们使用的历法是天文学家何承天编制的《元嘉历》。祖冲之经过多年的观测和推算，发现《元嘉历》有一些不科学的地方。于是祖冲之着手制定新的历法，462年，他编制成《大明历》。《大明历》在祖冲之生前始终没能采用，直到510年才正式颁布施行。《大明历》的主要成就如下：

1. 区分了回归年和恒星年，首次把岁差引进历法，测得岁差为45年11月差一度（今测约为70.7年差一度）。岁差的引入是中国历法史上的重大进步；

2. 确定一个回归年为365.242 814 81日（今测为365.242 198 78日），直到1199年杨忠辅制统天历以前，它一直是最精确的数据；

3. 采用391年置144闰的新闰周，比以往历法采用的19年置7闰的闰周更加精密；

确定交点月日数为27.212 23日（今测为27.212 22日）。交点月日数的精确测定，使得准确的日月食预报成为可能，祖冲之曾用大明历推算了从436年到459年的23年间发生的4次月食时间，结果全部应验；

4. 得出木星每84年超辰一次的结论，即定木星公转周期为11.858年（今测为11.862年）；

5. 给出了更精确的五星会合周期，其中水星和木星的会合周期也接近现代的数值；

6. 提出了用圭表测量正午太阳影长以确定冬至时刻的方法。

祖冲之还曾写过《缀术》5卷，这是一部内容极为精彩的数学书，被很多人当作经典反复学习。唐朝的官办学校的算学科中规定学员要学《缀术》4年，政府举行数学考试时，多从《缀术》中出题。《缀术》一书，汇集了祖冲之父子的数学研究成果。这本书内容深奥，以至“学官莫能究其深奥，故废而不理”。

《缀术》在唐代被收入《算经十书》，成为唐代国子监算学课本，当时需要四年的时间来学习《缀术》，可见《缀术》内容丰富且深奥，非一朝一夕可学会。《缀术》曾经传至朝鲜，但到北宋时这部书就已散佚。

祖冲之还与他的儿子祖暅一起，用巧妙的方法解决了球体体积的计算。他们当时采用的一条原理是：“幂势既同，则积不容异。”意即：位于两平行平面之间的两个立体，被任一平行于这两平面的平面所截，如果两个截面的面积恒相等，则这两个立体的体积相等。在西方被称为“卡瓦列利原理”，由在祖冲之提出以后1 000多年后意大利数学家卡瓦列利发现。可见，祖冲之的成就早了西方很多年。

为了纪念祖氏父子的这一重大贡献，数学上也称这一原理为“祖暅原理”。祖暅原理也就是“等积原理”。

大事坐标

429年	出生。
434年	推算出从436年到459年的23年间发生的4次月食时间。
461年	在南徐州（今天的江苏镇江）刺史府里从事，先后任南徐州从事史、公府参军。
464年	调至娄县任县令，编制《大明历》计算圆周率。
494~498年	担任长水校尉的官职。写有《安边论》，建议朝廷开垦荒地，发展农业，增强国力，安定民生，巩固国防。
500年	去世。

关系图谱

著名农学家、《齐民要术》的作者

贾思勰

■名片春秋 |

贾思勰（生卒年不详），益都（今山东寿光西南）人，生活于北魏末期和东魏，曾经做过高阳郡（今山东临淄）太守。中国古代杰出的农学家。他精通农业科学，在复兴由于战乱而荒废的华北农业时，将旱地农业技术体系化，于北魏末年写成《齐民要术》一书。该著作由耕田、谷物、蔬菜、果树、树木、畜产、酿造、调味、调理、外国物产等各章构成，是中国现存的最早的、较为完整的农业百科全书。

■风云往事 |

贾思勰出身于世代务农的书香门第，其先祖就很喜欢读书、学习，尤其重视农业生产技术知识的学习和研究，这对贾思勰的一生产生了很大影响。他的家境虽然不是很富裕，但却拥有大量藏书，使他从小就能在书籍的海洋中汲取各方面的知识，为他以后编撰《齐民要术》打下了基础。成年以后，他开始走上仕途，曾经做过高阳郡（今山东临淄）太守等官职，并因此到过山东、河北、河南等许多地方。每到一地，他都非常重视农业生产，认真考

▲ 贾思勰画像

察和研究当地的农业生产技术，向一些具有丰富经验的老农请教，获得了不少农业方面的生产知识。中年以后，贾思勰辞官回家，专心研究农业生产，并亲自体验农业劳动和放牧活动，掌握了多种农业生产技术。大约在533年到554年期间，他将自己积累的许多古书上的农业技术资料，询问老农获得的丰富经验以及他自己的亲身实践，加以分析、整理、总结，写成农业科学技术巨作《齐民要术》一书。当然，由于时代的局限性，贾思勰在《齐民要术》一书中难免会夹杂一些朴素的封建迷信思想，如"在东边栽九颗桃树，可以多子多孙"，"吃枣核仁二十七斤，可以避疾病"等。但瑕不掩瑜，他在世界农学史上的重要地位是永远不可动摇的。

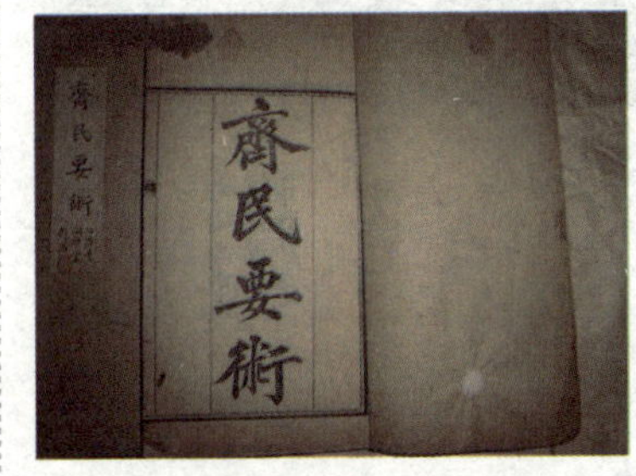

▲《齐民要术》书影

贾思勰虽然当过太守，可是他对农业的研究没有停留在嘴上，或单单把别人的经验写在纸上。他是亲自去做，有了体验，再记录下来。就是说他写出来的，或总结出来的经验，是经过实践的。贾思勰为了掌握养羊的经验，就买了200头羊，自己亲自去养。开始不知道羊吃多少饲料，羊饿死了一半。他分析概括了羊死亡的原因，认为羊是饿死的。于是又种了20亩大豆，使羊有充足的饲料，羊有吃的了，还是死不少。于是，又认为养羊要有技术。他发现一个老羊倌会养羊，就去求教。从羊圈如何盖，配种如何配，饲料如何准备，卫生如何保证，一样一样学，最后不仅学会了养羊，还总结出了养羊的一套办法、程序。

《齐民要术》中提到了多种农业种植办法，比如，轮种、套种等，通过不同作物的轮换栽种，或几种作物的同时栽种，而且使地力能使地里的养分得到充分利用，尽快恢复。《齐民要术》把这些技术，例如先种哪些作物，后种哪些作物，以及不同的作物轮种，不同的效果都有详细的记载，这在当

轮种

也叫"轮作"，是指前后两季种植不同的作物或相邻两年内种植不同的复种方式。由于不同作物对土壤中的养分具有不同的吸收利用能力，因此，轮作有利于土壤中养分的均衡消耗。同时轮作还有利于减轻与作物伴生的病虫杂草的危害。

▲ 贾思勰雕像

时西方国家是做不到的。

■历史评价 |

《齐民要术》全书共92篇，分成10卷，正文大约7万字，注释4万多字，共11万多字。此外，书前还有《自序》和《杂说》各1篇。引用前人著作有150多种，记载的农谚有30多条。全书介绍了农作物、蔬菜和果树的栽培方法，各种经济林木的种植，野生植物的利用，家畜、家禽、鱼、蚕的饲养和疾病的防治，以及农、副、畜产品的加工，酿造和食品加工，以至文具、日用品的生产等，详细论述了近乎所有农业生产活动的生产步骤及注意事项。在农学方面具有重大意义。

▲ 贾思勰邮票

贾思勰建立了较为完整的农学体系，对以实用为特点的农学类目做出了合理的划分。《齐民要术》全书结构严谨，农产品加工、酿造、烹调、贮藏技术在书中占显著地位。该书还重视对农业生产、科学技术与经济效益进行综合分析，观察记载有许多精细的植物生长发育及有关农业技术的详细材料。

贾思勰还初步提示了生物和环境的相互联系，描述了生物遗传和变异的关系问题。贾思勰介绍了许多改变旧的遗传性、创造新品种的经验，涉及人工选择、人工杂交和定向培育等育种原理，其中不少经验和论点对于指导现在的农业生产仍有现实意义。进化论的创立者、19世纪英国生物学家达尔文曾说过，他的人工选择思想是从“一部中国古代的百科全书”得到启发的。从达尔文所引述的内容看，不少人认为这部书就是《齐民要术》。

▲ 贾思勰雕像

另外，《齐民要术》总结了我国6世纪以前家畜家禽的饲养经验并搜集记载了兽医处方48例，涉及

外科、内科、传染病、寄生虫病等方面，如直肠掏结术和疥癣病的治疗方法，历时1 400多年，现在仍然沿用。《齐民要术》中还有我国独特的制曲、酿酒、制酱、作醋、煮饧以及食品保存和加工工艺的翔实记录，其中许多是现存最早的资料。

▲ 山东淄博贾思勰纪念馆

总之，《齐民要术》是一部科学价值很高的“农业百科全书”，黄河中下游地区北魏和北魏以前的农业生产技术，初步建立了农业科学体系，是我国乃至世界上保存下来的最早的一部农业科学著作。它内容极其丰富，反映了当时我国北方农业生产技术的水平，其中有许多技术直到现在还在应用。它比较系统地总结了黄河中下游地区北魏和北魏以前的农业生产技术，初步建立了农业科学体系，是我国乃至世界上保存下来的最早的一部农业科学著作。

■大事坐标

约554年　写成农业科学技术巨著《齐民要术》一书。

北魏杰出的地理学家、《水经注》的作者

郦道元

■名片春秋 |

郦道元（约 470 ～ 527），字善长，范阳涿州（今河北涿州）人。北魏地理学家、散文家。仕途坎坷，终未能尽其才。他博览奇书，幼时曾随父亲到山东访求水道，后又游历秦岭、淮河以北和长城以南广大地区，考察河道沟渠，搜集有关的风土民情、历史故事、神话传说，撰《水经注》40 卷。该书文笔隽永，描写生动，既是一部内容丰富多彩的地理著作，也是一部优美的山水散文汇集，可称为我国游记文学的开创之作，对后世游记散文的发展影响颇大。另著有《本志》13 篇及《七聘》等文，现已散佚。

■风云往事 |

郦道元早期在平城（北魏都城，位于今山西大同）和洛阳担任中央官员，并且多次出任地方官，一生足迹遍及中国北方。也正因如此，他才对我国的大川河流有比较深刻的了解。他为官“执法情刻”“素有严猛之称”，得罪了不少皇族、豪强，在东荆州刺史任上，威猛为治，被百姓上告，因而被

桑钦（生卒年不详），汉代学者、著名地理学家。北魏郦道元所注的《水经》，据说就是他撰写的。他曾从平陵人涂浑受《毛诗》，而造诣极深。他还精通《古文尚书》。《水经》是一部记录我国 137 条河流的地理专著。后为著名地理学家、文学家郦道元注释为《水经注》。对我国的地理学研究做出了巨大贡献。

免官，在京期间专心撰写《水经注》。

郦道元勤奋好学，博览群书，立志要为西汉后期桑钦编写的地理书籍《水经》作注。他引用的文献多达 480 种，其中属于地理类的就有 109 种。历经数年，他终于写成名垂青史的著作《水经注》。

秦朝以前，我国已有许多地理类书籍，但当时国家不统一，生产力水平比较落后，人们对地理的概念还比较模糊，这些作品中普遍存在的问题就是虚构，如《山海经》《穆天子传》《禹贡》等。作为一位杰出的地理学家，郦道元在《水经注》的序言中对前代的地理著作进行了诸多点评。郦道元坚决反对“虚构地理学”，他在《水经注》序言中介绍了自己的研究和工作方法，那就是重视野外考察。

郦道元为了获得真实的地理信息，到过许多地方考察，足迹踏遍长城以南、秦岭以东的中原大地，积累了大量的实践经验和地理资料。《水经注》一书中记载了郦道元在野外考察中取得的大量成果。《水经》记录河流 137 条，而《水经注》则记录河流 1 252 条。《水经》只有 1.5 万字，而《水经注》竟达 30 万字！

527 年十一月，南齐皇族、北魏雍州刺史萧宝夤在长安（今陕西西安）发动叛乱，北魏汝南王元悦使出借刀杀人之计，竭力怂恿朝廷任命郦道元为关右大使，去监视萧宝夤。萧宝夤知道后，立即发兵包围郦道元。贼兵攻入阴盘驿亭（今陕西临潼东），郦道元对着这些反贼大骂，最终英勇牺牲。

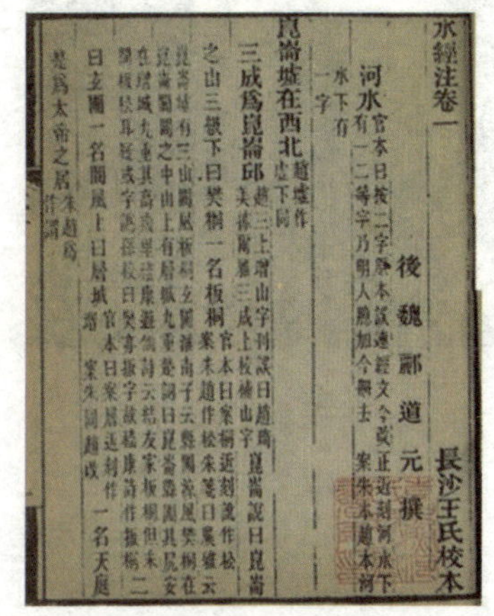

水經注卷一
長沙王氏校本
後魏酈道元撰
河水
崑崙墟在西北
三成爲崑崙邱
之山三級下曰樊桐一名板桐
曰玄圃一名閬風上曰層城
一名天庭
是爲太帝之居

▲《水经注》书影

《山海经》

先秦古籍，是一部富于神话传说的最古老的地理书。具体成书年代及作者不详。它主要记述古代地理、物产、神话、巫术、宗教等，也包括古史、医药、民俗、民族等方面的内容。除此之外，《山海经》还以流水账方式记载了一些奇怪的事件，对这些事件至今仍然存在较大的争论。最有代表性的神话寓言故事有：夸父逐日、女娲补天、精卫填海、鲧禹治水等。

■历史评价 |

郦道元生活在南北朝时期，北朝先后有北魏、西魏、东魏、北齐、北周政权，南朝先后有宋、齐、梁、陈政权。郦道元虽然只是活动在北魏统治的地区之内，但他的著作并没有受地域的限制，他的视野远远超出了北魏政权统治的范围，反映了他盼望祖国早日实现统一的心愿。在《水经注》中，郦道元所记述的内容包括了全国各地的地理情况，甚至还包括一些对世界地理情况的介绍，其涉及地域东北至朝鲜的坝水（今大同江），南到扶南（今柬埔寨），西南到印度新头河（今印度河），西至安息（今伊朗）、西海（今咸海），北到流沙（今蒙古沙漠）。可以说，《水经注》是对北魏以前中国及其周围地区的地理学的总结，是第一部完整记录华夏河流山川地貌的书，也是一部在历史上被称为"圣经贤传""宇宙未有之奇书"。

▲ 郦道元雕像

在内容上，郦道元在写《水经注》时，突破了《水经》只记河流的局限。他以河流为纲，详细地记述了河流流经区域的地理情况，包括山脉、土地、物产、城市的位置和沿革、村落的兴衰、水利工程、历史遗迹等古今情况，并且具有明确的地理方位和距离观念。像这样写作严谨、内容丰富的地理学著作，在当时的中国，乃至世界上都是无与伦比的。

郦道元的《水经注》以其饱满的笔触，为我们展现了 1 400 年前中国的地理面貌，使人们读后可以对各地的地理状态及其历史变迁有较清晰的了解。例如从关于北京地区的描述中，我们可以知道当时北京城的城址、近郊的历史遗迹、河流以及湖泊的分布等，还可以了解到北京地区人们早期进行的一些大规模改变自然环境的活动，像拦河堰的修筑、天然河流的导引和人工渠道的开凿等。这是我们现在所能得到的关于北京地区最早的地理资料，也是我们研究北京地区历史地理变迁的重要资料。时至今日，这些资料都发挥着重大作用。

《水经注》中的内容，除郦道元亲身考察所得到的资料外，还引用了大量的历史文献和资料，其中

《水经注》(节选)

江水又东，迳广溪峡，斯乃三峡之首也。峡中有瞿塘、黄龛二滩。其峡盖自昔禹凿以通江，郭景纯所谓巴东之峡，夏后疏凿者也。

江水又东，迳巫峡，杜宇所凿以通江水也。江水历峡东，迳新崩滩。其间首尾百六十里，谓之巫峡，盖因山为名也。

江水又东，迳流头滩。其水并峻急奔暴，鱼鳖所不能游，行者常苦之，其歌曰："滩头白勃坚相持，倏忽沦没别无期。"袁山松曰："自蜀至此，五千余里；下水五日，上水百日也。"

引用前人的著作达437种之多，还有不少两汉、曹魏时代的碑刻材料。这些书籍和碑刻，后来在历史的变迁中几乎消失殆尽，幸而有郦道元的引用转录，才尚存一斑，使我们能够了解这些书籍和碑刻的部分内容。因此，《水经注》又是研究我国文明发展历史的极其宝贵的资料。

郦道元在《水经注》中记述了全国1 252条河流及其流经区域的地理情况、建置沿革、历史事件及民间传说，为自然科学和人文科学提供了丰富的研究资料。

▲ 河北涿州郦道元故居

原德国柏林大学校长、国际地理学会会长李希霍芬称郦道元《水经注》是“世界地理学的先导”；东南亚学者认为郦道元是“中世纪世界上最伟大的地理学家”。毛泽东所说：“《水经注》作者也是一位了不起的人。”古今中外对《水经注》的研究也形成了专门的学问——郦学。

■大事坐标 |

约470年 出生。

493年 担任尚书郎。

494年 跟随魏孝文帝出巡北方，因执法清正，被提拔为治书侍御史。

523年 担任河南尹。

527年 去世。

第一部脉学专著《脉经》的作者

王叔和

■名片春秋 I

王叔和（201 ~ 280），名熙，高平（今山西高平）人。晋代医学家。他学识渊博，为人诚实，官至太医令。在中国医学发展史上，他做出了两大重要贡献，一是著述《脉经》，一是整理《伤寒论》。现代学者刘渡舟认为，王叔和很有可能是张仲景的弟子。

■风云往事 I

王叔和从小就有许多爱好，少年时期就读了很多书，对经史百家颇有研究。后因战事频繁，时局动荡，为避战乱，随家移居荆州，投奔荆州刺史刘表。当王叔和侨居荆州时，正是张仲景医学生涯的鼎盛时期，加上王叔和与仲景的弟子卫汛要好，耳濡目染，逐渐对医学发生兴趣，并立志钻研医道。他寻求古训，博通经方，深究病源，潜心研读历代名医著作，虚心向有经验的名医求教，博采众长，医术日渐精湛，名噪一时。由于其医术高明，208 年当曹操南下征战荆州刘表时，王叔和被推选为曹操的随军医生。其后任王府侍医、皇室御医等职，后又

张仲景，名机，南阳郡涅阳（今河南南阳）人。东汉末年著名医学家，被称为医圣。张仲景广泛收集医方，写出了传世巨著《伤寒杂病论》。它确立的辨证论治原则，是中医临床的基本原则，是中医的灵魂所在。在方剂学方面，《伤寒杂病论》也做出了巨大贡献，创造了很多剂型，记载了大量有效的方剂。其所确立的六经辨证的治疗原则，受到历代医学家的推崇。这是中国第一部从理论到实践、确立辨证论治法则的医学专著，是中国医学史上影响最大的著作之一，是后学者研习中医必备的经典著作，广泛受到医学生和临床大夫的重视。

被提升为太医令（相当于现在国家最高级别医学院院长）。魏国少府中藏有大量历代著名医典和医书，存有许多历代的经验良方。王叔和利用职务之便，博览古今药学经典，为他攀登医学高峰奠定了坚实的基础。后来，王叔和在吸收扁鹊、华佗、张仲景等古代著名医学家的脉诊理论学说的基础上，经过几十年的精心研究，结合自己长期的临床实践经验，终于写成了我国第一部完整而系统的脉学专著——《脉经》。该书总结发展了西晋以前的脉学经验，将脉的生理、病理变化类列为脉象 24 种，使脉学正式成为中医诊断疾病的一门科学。该书计 10 万多字，10 卷，98 篇。

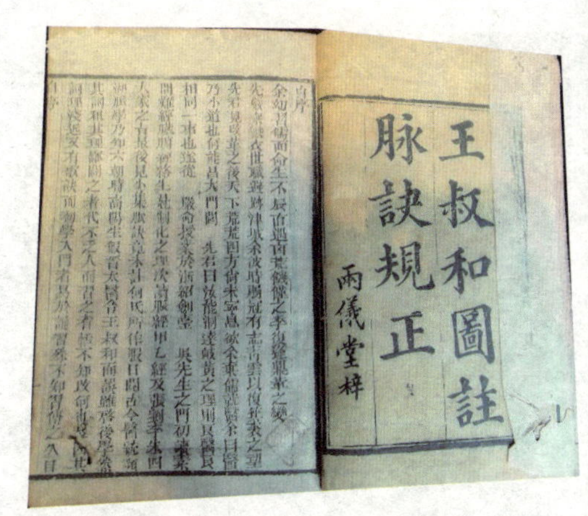

▲ 王叔和所著《王叔和图注脉诀规正》书影

西汉以前还没有纸张，书都是写在竹简上的。经过连年不断的战祸，许多书简要么残缺不全，要么丢失，已经成书的《伤寒杂病论》也不例外。作为太医令的王叔和深知这部医学医著的伟大价值，不忍心这本书就此消失，他下定决心要使这部旷世的奇书恢复其真正的面貌。他通过不断搜集张仲景的旧论杂章，到各地寻找该书的原稿部分，终于成功地得到了比较全面的《伤寒杂病论》，经整理和修复，将其保留了下来，就是我们今天见到的《伤寒论》。但这部书中只有伤寒部分的内容，没有找到杂病的那一部分。直到唐朝对历代文书著略进行整理时，偶然得到了一些手抄的文稿，经过仔细核对，发现里面的一部分内容正与《伤寒论》相同；另外还有一些内容，是论述杂病的文句，当时尚未见之于世，但其文风和辞藻却与《伤寒论》极为相似。王叔和将其中伤寒部分的内容删去，单以杂病部分整理出版，取名《金匮要略》。这部分关于杂病的论述，为后世医家处理许多棘手的医学问题提供了极大的帮助，而王叔和本人对《伤寒论》的整理使

《金匮要略》

中医经典古籍之一，撰于 3 世纪初，是张仲景原撰《伤寒杂病论》16 卷中的“杂病”部分。经晋王叔和整理后，其古传本之一名《金匮玉函要略方》，共 3 卷。上卷为辨伤寒，中卷则论杂病，下卷记药方。后北宋校正医书局林艺等人取其中以杂病为主的内容，仍厘定为 3 卷，改名《金匮要略方论》。全书共 25 篇，方剂 262 首，列举病症 60 余种。所述病症以内科杂病为主，兼有部分外科妇产科等病症。

▲ 王叔和就诊图

得《伤寒论》能够流传至今，可以说功不可没，影响深远。

另外，王叔和在养生方面还有一些精辟的论述。他的养生学实际属于医家养生流派，主张从起居饮食方面进行调摄，以求得长寿，去病延年。他提出饮食不可过于杂乱，要适量，这是我国早期对饮食制度养生的最早的较系统的论述。

王叔和治学态度严谨，这主要体现在他对前人文献的引用上。如《脉经》中就引用了大量古文献，他在引用文献时，或以标题形式列出，或以文后加注的形式注明文献出处，便于读者根据所引文献的出处，找出原始文献，他这种严肃而忠实的态度也是他的伟大之处，值得后世效法。

▲ 王叔和雕像

■历史评价 |

王叔和一生最突出的贡献是编著了我国现存最早的脉学专著——《脉经》。脉学的起源很早，扁鹊就常用切脉方法诊断疾病。切脉是传统医学诊断学之“望、闻、问、切”四诊中重要的组成部分，但是当时仍不为一般医家所重视，为了解决医生在治疗过程中正确应用脉诊诊断的问题，迫切需要一部脉学专著。王叔和搜集了扁鹊、仓公、张仲景、华佗等古代医家有关脉学论述，并加上自己的临床体会和见解，终于写出了这部著名的脉学专书。他强调诊脉时要注重患者的年龄、性别、身高、体型、性格等不同因素，不可一成不变，不能脱离实际情

▲《伤寒论集注》书影

况。他在《脉经》序言中提到，诊脉需要很强的技巧，“在心易了，指下难明”，也就是将学会、背会的脉学知识灵活准确地应用到实践中，需要一个艰难的过程。这句话也成了千百代医家教授和学习脉学时的“警世”之言，对于从医者来说，几乎没有不知道的。

王叔和在整理中医古文献时所做的贡献是巨大的，为后世留下了宝贵的文献资料。若没有王叔和的整理，我们今天也许就很难知道张仲景在医学上的成就。他这种承上启下，继往开来的功绩，值得我们铭记。在其故乡山东邹城建有叔和中医院，家乡的后人以这种方式怀念这位杰出的医学家。

王叔和整理千古奇书《伤寒论》，著述传世佳作《脉经》，在中医学的发展史上做出了重大的成就。这位太医令也堪称难得的人才，为学医者做出了榜样。在中医学的学习和实践过程中，先要遵古、博古、习古之书以继承前学，才能知新、用新、创新理论以发扬医理，这才是学习中医学，弘扬中医事业的正道。

▲ 王叔和画像

《伤寒论》

一部阐述外感及其杂病治疗规律的专著。东汉末年张仲景200年至205年所撰。《伤寒杂病论》的组成部分《伤寒杂疗论》在流传的过程中，经后人整理编纂将其中外感热病内容结集为《伤寒论》，另一部分主要论述内科杂病。

大事坐标 |

201年　出生。
208年　曹操南下征战荆州刘表时，被推选为曹操的随军医生。
233年　被选为魏国太医令。
270年　写成我国第一部完整而系统的脉学专著——《脉经》。
280年　去世。

■关系图谱 |

《肘后备急方》的成书与完善者

葛洪、陶弘景

▲ 葛洪像

■名片春秋 |

葛洪（284 ~ 364），字稚川，自号抱朴子，人称葛仙翁，丹阳句容（今江苏句容）人。东晋医学家、博物学家和制药学家、炼丹术家，著名的道教人士，在中国哲学史、医药学史以及科学史上都有很高的地位。他是三国方士葛玄之侄孙，世称小仙翁，曾受封为关内侯，后隐居罗浮山炼丹。著有《神仙传》《抱朴子》《肘后备急方》（原名《肘后救卒方》，又称《肘后方》）《西京杂记》等。

▲ 陶弘景像

陶弘景（456 ~ 536），字通明，号华阳隐居，丹阳秣陵（今江苏南京）人。出身于江东名门。我国南朝齐、梁时期的道教思想家、医药家、炼丹家、文学家。他还精通棋术，善于弹琴，也是个书法家。南朝齐、梁时期的道教茅山派的开创者。梁武帝曾经屡次请他出山而不从，但朝廷遇到大事总向他咨询，被人称为“山中宰相”。他在前人的基础上结合自己的心得经验，比较全面地总结了如何养生，著有《养性延命录》，并增补了葛洪的《肘后备急方》。

左慈（156~289），东汉末年方士。据记载，他寿至134岁，经过六七十年的修炼，死后成仙。精通五经，也懂得占星术，从星象中预测出汉朝的气数将尽，国运衰落，天下将要大乱。左慈开始学道时，对奇门遁甲也很精通，能够驱使鬼神，坐着变出美味佳肴。他在天柱山精修苦练道术，在一个石洞中得到一部《九丹金液经》（三国演义中为《遁甲天书》），学会了使自己变化万端的方术。

▲ 葛洪炼丹图

▲《抱朴子内外篇》

■风云往事 I

葛洪

葛洪的先祖为吴国世族。其先祖曾经在三国时期的吴国担任大鸿胪，叔祖父是三国时方士葛玄，他曾跟随左慈学习炼丹及长生之术，是南方的道教领袖。父亲葛悌入晋后，曾为邵陵太守。葛洪是家中第三子，13岁时，父亲去世，家道中落。他生性寡欲，不好荣利，穷览典籍，尤其喜好神仙法术。他本来想成为一个儒者，博览了经史子集，但是后来对神仙导引之法产生了兴趣，师从葛玄弟子郑隐学习炼丹术。他取字稚川，别号抱朴子，借此表达抱朴实质，不被物欲所诱惑的志向。

303年，葛洪参加了平息石冰领导的农民起义，因有功，被任命为伏波将军，又赐关内侯。

306年，镇南将军刘弘任命嵇含为广州刺史，嵇含推荐葛洪任其参军。葛洪先至广州，嵇含遇害后，他遂至罗浮山隐居。在广州多年，他感到荣誉、地位和势力，都是身外之物，不能长久，于是隐居于罗浮山中采药、炼丹，对很多种病例都做了详细的观察与整理。后来，葛洪拜南海太守鲍玄为师，学习炼丹术。

313年，葛洪回到乡里，但仍然隐居不仕。四年后，写成《抱朴子》内外篇。

326年，受王导之召而出山，做了州主簿，后来升迁为咨议将军。此后，他听说交趾郡（即今越南北部）出产丹砂，向成帝要求出任句扁县令（今越南北部），征得成帝的同意，于是举家南行。至广州时，刺史邓岳挽留他，葛洪于是隐居在罗浮山炼丹。最后在此过世。

葛洪晚年在杭州葛岭（葛岭因此得名）结庐炼丹，

现当地仍有抱朴道院，殿内正中供奉有葛洪祖师像。

陶弘景

陶弘景自幼聪慧，9 岁开始读《礼记》《尚书》《周易》《春秋》《孝经》《毛诗》《论语》等儒家经典，10 岁时读了葛洪的《神仙传》，便立志养生，15 岁写成《寻山志》。20 岁被引为诸王侍读，后拜左卫殿中将军。

502 年，他的好友萧衍取得了帝位，建立南梁朝。梁武帝萧衍深知陶弘景的才能，几次想请他出仕，都被他婉拒。当时陶弘景给梁武帝画了一张画，画上画有两头牛，一个自在地吃草，一个带着金笼头，被拿着鞭子的人牵着鼻子，梁武帝一见，便知其意。后来，梁武帝只好常将国家大事写成信件，派人送到曲山请教陶弘景，陶弘景看在多年好友的份上，也时常写信给梁武帝，指点政策。于是，朝廷与曲山间音信不断，陶弘景虽身在方外，却俨然成了朝廷决策人物，当时人们都称他为“山中宰相”。他的思想脱胎于老庄哲学和葛洪的神仙道教，杂有儒家和佛教的观点。他擅长书法，草、隶、行书尤妙。对历算、地理、医药等也都有一定研究。曾整理古代的《神农本草经》，在增收魏晋间名医所用新药的基础上，最终写成《本草经集注》7 卷，共记载药物 730 种，并首创沿用至今的药物分类方法，以玉石、草木、虫、兽、果、菜、米实分类，对本草学的发展有一定的影响（原书已失，现在敦煌发现了一些残本），其内容为历代本草书籍收载，得以流传。

陶弘景曾长期炼丹实验。梁武帝送给他黄金、朱砂、曾青、雄黄等原料，让他炼丹。他在炼丹过程中掌握了许多化学知识，例如：汞可与某些金属形成汞齐，汞齐可以镀物。他指出水银“能消化金、银成泥，人以镀物是也”。他还指出胡粉（即碱式碳酸铅）和黄丹（即四氧化三铅）不是天然产物，而是

萧衍（464~549），南梁政权的建立者，庙号高祖。萧衍是兰陵萧氏的世家子弟，出生于秣陵（今南京），为汉朝相国萧何的第 25 世孙。他原来是南齐的官员，502 年，齐和帝被迫“禅位”于萧衍，南梁建立。萧衍在位时间达 48 年，在南朝的皇帝中位列第一。在位颇有政绩，晚年爆发“侯景之乱”，都城陷落，被侯景囚禁，死于台城，终年 86 岁。

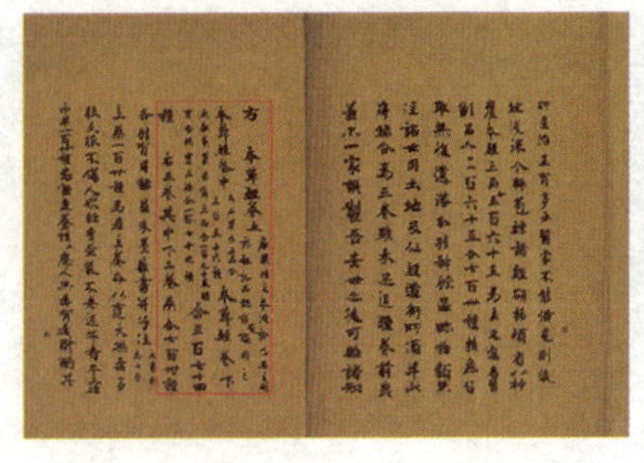

▲《本草经集注》书影

▲ 陶弘景采药图

由铅制得。胡粉是“化铅所作”，黄丹是“熬铅所作”。

陶弘景活到80岁离世，传闻他死后颜色不变，肢体屈伸自如，满山香气，数日不散，谥号“贞白先生”。

■历史评价 |

葛洪

葛洪的一生把精力投入到炼丹学和医学领域。他既是一位儒道合一的宗教理论家，又是一位从事炼丹和医疗活动的医学家。葛洪敢于“疑古”，反对“贵远贱今”，强调创新，认为“古书虽多，未必尽善”，并在实际的行医、炼丹活动中，坚持贯彻重视实验的想法，这对他在医学上做出的贡献十分重要。葛洪阅读大量医书，并注重分析与研究，在行医实践中，总结治疗心得并搜集民间医疗经验，以此为基础，完成了百卷著作《玉函方》。由于卷帙浩繁，难于携带检索，他便将其中有关临床常见疾病、急病及其治疗等摘要简编而成《肘后备急方》3卷，便于医者携带，以应对临床急救，故此书堪称中医史上第一部临床急救手册。

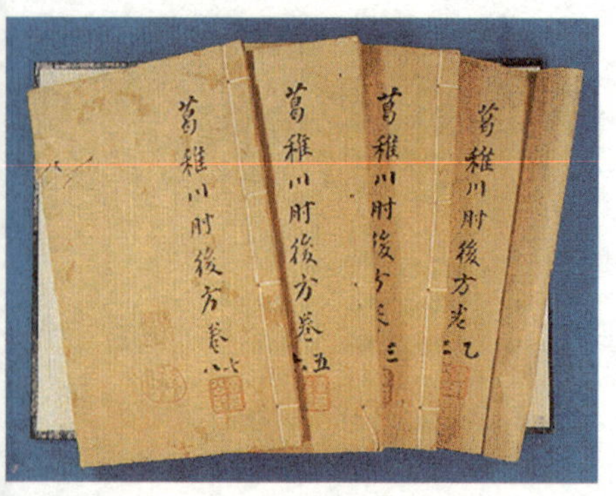

▲《葛稚川肘后方》

葛洪作为东晋时期著名的道教领袖，内擅丹道，外习医术，研精道儒，学贯百家，思想渊深，著作弘富。他不仅推动了道教理论的发展，而且学兼内外，于治术、医学、音乐、文学等方面亦多成就。《抱朴子》为其主要著作，他对文章及美学的论述就散布其中，虽然比较零散，但其价值不容忽视。在修身养性方面，

他主张依照道家的原则，见素抱朴，不为物役，天真自然，不事雕饰，而在经世治国方面，他又赞同儒家的方式，重视教化，抬高文学，认为虎豹之皮胜过犬羊之皮，文饰既是推动社会发展的必然趋势，更是合理的、进步的、有益的。

葛洪在《肘后备急方》里，记述了一种叫“尸注”的病，说这种病会互相传染，并且千变万化。染上这种病的人闹不清自己到底哪里不舒服，只觉得怕冷发烧，浑身疲乏，精神恍惚，身体一天天消瘦，时间长了还会丧命。葛洪描述的这种病就是现在我们所说的结核病。结核菌能使人身上的许多器官致病。肺结核、骨关节结核、脑膜结核、肠和腹膜结核等，都是结核菌引起的。葛洪也因此是我国最早观察和记载结核病的科学家。

▲ 葛洪雕像

葛洪的《肘后备急方》中还记载了一种由犬咬人引起的病症，即现在所称的“狂犬病”。对此病，葛洪采用的方法是：把疯狗捕来杀死，取出脑子，敷在被犬咬伤的病人的伤口上。葛洪采取的这种预防措施，可以称得上是免疫学的先驱。欧洲的免疫学是从法国的巴斯德开始的。他用人工的方法使兔子得疯狗病，把病兔的脑髓取出来制成针剂，用来预防和治疗疯狗病，原理与葛洪的疗法基本上相似。巴斯德的工作方法当然比较科学，但比葛洪晚了 1 000 多年。

在世界医学史上，葛洪还第一次记载了两种传染病：天花和恙虫病。西方的医学家认为最早记载天花的是阿拉伯的医生雷撒斯，但是葛洪发现天花的时代，比雷撒斯要早 500 多年。对于恙虫病，葛洪不但是最早发现的，还知道它是传染疾病的媒介。他的记载比美国医生帕姆在 1878 年的记载早了 1 500 多年。

▲ 陶弘景

陶弘景

陶弘景推崇葛洪的著作，其经历也和葛洪有异曲同工之妙，一生充满传奇色彩。他在葛洪所著的《肘后备急方》的基础上，结合自己的临床实践，写出《补阙肘后百一方》，作为葛洪著作的补遗书。这两本书是我国较早的医学著作之一。

就医学而言，陶弘景是我国本草学发展史上贡献最大的早期人物之一。在当时，关于本草的著作很多，但无统一标准，特别古本草由于年代久远，内容散乱，草石不分，虫兽无辨，临床运用颇为不便，于是他担负起“苞综诸经，研括烦省”的重任，将当时所有的本草著作分别整理成《神农本草经》及《名医别录》，并进而把两者合而为一，将个人的心得体会加进去，著成《本草经集注》，该书共收药物 730 种，成为我国本草学发展史上的里程碑。

《本草经集注》的主要特点是开创了我国本草学，成为一门包罗万象的博物学的先河。他将自己的一些创新之处添加到书中，例如以按药物治疗性质分类的“诸病通用药”分类法，在体例上，又开创本草著作分总论、分论叙述的先河，在当时的历史条件下，他又应用朱书、墨书的方法来区别《本经》和《别录》的原文的方法，等等。他在我国本草学发展史上有着不可磨灭的功绩。

陶弘景知识渊博，精通天文历法、山川地理、医术药物、琴棋书画乃至阴阳五行，在药物、冶炼、天文、地理、生物、数学等古代科技多方面贡献颇多。除了《本草集注》外，他还撰有《真诰》《效验方》《补阙肘后百一方》《药总诀》《导引养生图》《养性延命录》《天文星算》《帝代年历》《华阳陶隐居集》等一大批著作。另外，在获得丰富炼丹经验的基础上，他还撰写了《太清诸丹集要》《合丹药诸法式节度》《服饵方》《服云母诸石药消化三十六水法》《炼化杂术》《集金丹黄白方》等炼丹服饵著作。他在炼丹方面的著作，为充实和丰富我国后世本草学，推动原始化学的发展发挥了积极作用。陶弘景是继魏伯阳、葛洪之后又一位著名的炼丹家。

《神农本草经》

简称《本草经》或《本经》，是中国现存最早的药物学专著。《神农本草经》成书于东汉，并非出自一时一人之手，而是秦汉时期众多医学家总结、搜集、整理当时药物学经验成果的专著，是对中草药的第一次系统总结。其中规定的大部分药物学理论和配伍规则以及提出的“七情合和”原则，在几千年的用药实践中发挥了巨大作用，被誉为中药学经典著作。因此很长一段历史时期内，它是医生和药师学习中药学的教科书，也是医学工作者案头必备的工具书之一。

▲ 陶弘景雕像

大事坐标

葛洪

284 年 出生。
303 年 参加平息石冰领导的农民起义。
306 年 镇南将军刘弘任命嵇含为广州刺史，嵇含推荐葛洪当他的参军。后在罗浮山隐居。
313 年 回到乡里，但仍然隐居不仕。
317 年 写成《抱朴子》内外篇。
326 年 受王导之召而出山，任州主簿，后升迁为咨议将军。
364 年 在罗浮山过世。

陶弘景

456 年 出生。
471 年 写成《寻山志》。
476 年 被引为诸王侍读，后拜左卫殿中将军。
492 年 好友萧衍取得帝位，建立南梁朝，陶弘景隐居于曲山。
536 年 去世。

关系图谱

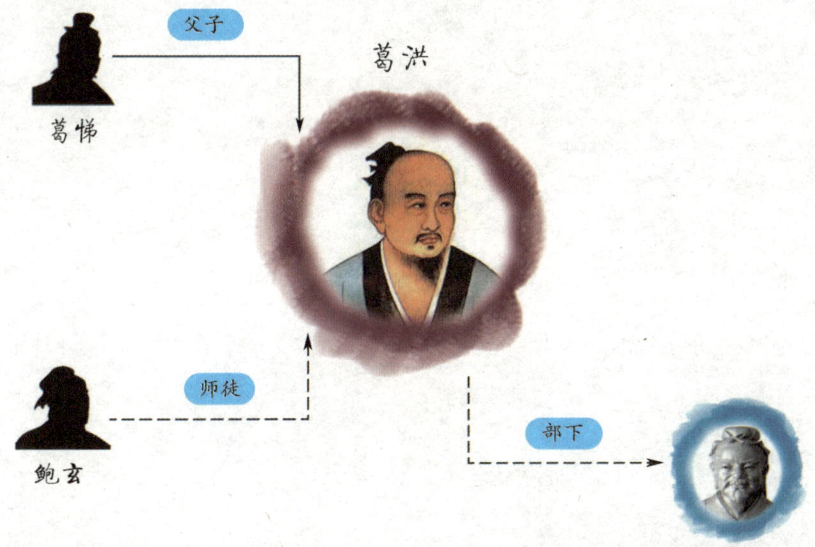